왜 세상에는 가난한 사람과 부자가 있을까요?

09 어린이 인문 시리즈 – 경제 이야기

초판 1쇄 발행 2013년 12월 10일  초판 4쇄 발행 2021년 2월 10일  **글** | 김상규  **그림** | 이정
**펴낸이** | 한순 이희섭  **펴낸곳** | (주)도서출판 나무생각  **편집** | 양미애 백모란  **디자인** | 박민선  **마케팅** | 이재석
**출판등록** | 1999년 8월 19일 제1999-000112호  **주소** | 서울특별시 마포구 월드컵로 70-4(서교동) 1F
**전화** | 02)334-3339, 3308, 3361  **팩스** | 02)334-3318  **이메일** | tree3339@hanmail.net
**블로그** | blog.naver.com/tree3339  **홈페이지** | www.namubook.co.kr  ISBN 978-89-5937-347-5 74300
ISBN 978-89-5937-139-6 (세트)  ⓒ 김상규, 2013  값은 뒤표지에 있습니다. 잘못된 책은 바꿔 드립니다.

**09** 어린이 인문 시리즈 - 경제 이야기

# 왜 세상에는 가난한 사람과 부자가 있을까요?

글 **김상규** | 그림 **이정**

 머리말

## 모두가 다 함께 잘사는 세상을 만들어요

한때 "부자 되세요!"라는 인사가 유행이었던 것을 기억하나요? 인사로 부자가 되라고 하다니 너무 '돈'만 밝히는 것 아니냐는 의견도 있었지만 많은 사람들이 즐겨 사용했지요. 부자가 되는 것을 싫어할 사람은 별로 없으니까요. 많은 돈을 가지고 멋진 옷도 입고, 맛있는 음식을 먹으며 으리으리한 집에서 살고, 해외 곳곳을 마음대로 구경 다닐 수도 있는 부자라면, 생각만 해도 정말 신 나는 일이겠지요? 물론 부자가 돈만 많이 쓰는 사람을 뜻하지는 않아요. 부자일수록 근검절약하고, 더 부지런히 사는 사람들이 많으니까요.

그렇다면 부자는 어떻게 되는 걸까요? 세상의 부자들은 전부 하늘에서 뚝 떨어진 것일까요? 또 가난한 사람은 왜 그렇게 가난한 걸까요? 조상 대대로 게으르게 살아서일까요? 아니에요. 절대 그렇지는 않답니다.

이 책은 이처럼 '왜 세상에는 가난한 사람과 부자가 있을까?' 하는 궁금증에서 시작되었어요. 이 궁금증은 사실 어린이들뿐 아니라

어른들도 가지고 있는 것이지요. 이 궁금증을 해결해 나가는 과정에서 우리는 자연스럽게 경제의 원리와 자원의 분배 문제에 대해서 배우고 고민해 볼 수 있어요.

또 경제는 어떻게 움직이는지, 왜 많은 사람들이 열심히 일하는데도 가난으로부터 헤어나지 못하는지, 소득 불평등이 자꾸만 커지는 이유는 무엇인지, 부자가 되려면 어떤 조건이 필요한지 등에 대해서도 생각해 볼 수 있답니다. 그리고 이 모든 과정은 결국 우리 모두가 함께 잘살기 위해 정부와 개인이 해야 할 일은 무엇인지를 아는 데 있어요.

이 책을 읽으면서 여러분 모두 행복한 부자, 남을 배려하는 부자가 되는 길을 찾을 수 있기를 바랍니다.

2013년 11월
김상규

 차례

**머리말**

모두가 다 함께
잘사는 세상을 만들어요 4

**1장**

사람들은 언제부터,
왜 경제 활동을 하게 되었을까요? 9

**2장**

경제는 어떻게
움직이는 걸까요? 39

**3장**

가난한 사람과 부자는
왜 생기는 걸까요? 63

## 4장

경제와 평등은
어떤 관계가 있나요? 85

## 5장

함께 잘살아야 하는
이유는 뭘까요? 107

## 6장

더불어 잘사는 세상을 위해
어떤 노력을 해야 할까요? 129

# 1장

## 사람들은 언제부터, 왜 경제 활동을 하게 되었을까요?

## 사람들은 왜 경제 활동을 할까요?

오늘 아침도 지하철은 출근하는 사람들로 가득합니다. 많은 사람들이 아침이 되면 일터로 향하고 그곳에서 열심히 일하지요. 일터는 도시의 빌딩에 있는 사무실만을 말하는 건 아니에요. 농부들의 일터인 들판도 있고, 장사를 하는 곳인 가게도 있고, 선생님들의 일터인 학교도 있고, 운전하는 사람들의 일터인 차도 있지요. 이렇게 사람들이 일터에서 일하는 것을 '경제 활동'이라고 해요.

그렇다면 사람들은 왜 경제 활동을 하는 걸까요? 그것은 경제 활동을 하면서 소득을 얻기 때문이에요. 다른 말로 하면 돈을 버는 거예요. 일해서 번 돈으로 자신이나 가족들의 생활에 필요한 물건을 사기도 하고, 병원비를 내기도 하고, 남을 돕기도 하고, 또 미래를 위해 저축도 하지요.

사람들은 매우 오래전부터 경제 활동을 해 왔답니다. 물론 아주

옛날 사람들은 지금처럼 복잡한 경제 활동을 하지는 않았어요. 그저 물고기를 잡거나, 열매를 따고, 사냥을 하는 정도의 간단한 일이었지요. 그때는 그날 하루, 사냥에 성공해서 배부르게 먹을 수만 있으면 그것만으로도 충분히 행복해했어요. 그래서 사람들은 굶어 죽지 않을 만큼만 경제 활동을 했지요.

그런데 갑자기 큰 변화가 일어났어요. 날씨가 몹시 추워지는 '빙하기'가 찾아온 거예요. 이 시기 동안 많은 생물들이 추위를 이기지 못하고 지구상에서 사라지고 말았어요. 긴 빙하기 동안 인류도 큰 어려움을 겪었지만 다행히 살아남았어요. 빙하기가 끝나고 지구의 기온은 점점 따뜻해졌지만 땅은 메말라서 사냥과 식물 채집만으로는 생활하기 힘들었지요. 인류는 힘든 환경을 극복하기 위해 노력했고, 마침내 숲과 들판을 불태워 그곳을 '밭'으로 만드는 방법을 알아냈어요. 바로 농업의 시작이었답니다. 이것이 지금으로부터 약 1만 년 전, 신석기 시대의 일이에요.

농사를 짓기 시작하면서 사람들의 생활 방식에는 큰 변화가 생겼어요. 먼저, 사냥을 하기 위해 이곳저곳 떠돌아다니던 생활을 그만두고 땅에 곡식을 심었어요. 그리고 곡식이 다 자랄 때까지 그 옆에 모여 살았어요. 그러다 보니 인구도 점점 늘어 부족 사회를 이루게 되었지요. 또 말이나 소, 염소, 양, 돼지를 길들여 가축으로 기르기 시작했어요.

만약 인류가 계속해서 열매를 따고, 사냥만 하며 살았다면 아마 문명은 발전하지 못했을 거예요. 하루하루 먹고살기에도 바빠서 그것만으로도 힘들었을 테니까요.

그러나 농사를 짓게 되면서 인류는 메마른 토지를 개발해 밭으로 바꾸었고, 물길을 만들었으며, 제방을 쌓기 위해 고민했고, 어떻게 하면 수확을 늘릴 수 있을지 연구했어요. 덕분에 과학기술도 발전했지요. 그래서 우리는 이것을 '농업혁명'이라고 불러요. 인류가 농업을 시작한 것은 혁명이라고 부를 정도의 큰 변화였거든요. 이런 의미에서 농업은 본격적인 인류의 경제 활동이었답니다.

## 어떻게 부자가 되는 걸까요?

경제 활동을 시작한 이래 사람들은 어떻게 하면 많은 것을 가질 수 있을까 끊임없이 고민했어요. 다른 사람보다 더 잘살고 싶은 마음은 인간의 본능이기도 하니까요. 여기서 많은 것이란 돈뿐 아니라, 건물이나 땅과 같은 부동산일 수도 있어요. 우리는 이것을 '부'라고 하거나 '자본'이라고 불러요. 즉, 자본을 많이 가진 사람을 부자라고 하는 거죠.

그렇다면 과연 사람들은 어떻게 부를 만들어 내는 걸까요? 여러 가지 요소가 있지만 가장 중요한 것은 인간의 합리성과 창의력이에요. 부는 결국 새롭고 혁신적인 제품이나 생각을 만들어 내면서 시작되니까요.

예를 들어 볼까요? 셔츠, 블라우스 등 우리가 입는 옷의 모양을 생각해 보세요. 먼저 수많은 디자이너들이 어떤 디자인으로 옷을 만들어야 사람들이 많이 살지 고민하겠지요? 그리고 오랜 고민 끝에 나온 창의적인 디자인으로 옷을 만들 거예요. 그 옷은 백화점이나 시장에서 팔리지요. 소비자들은 상점에 걸린 수많은 옷 중에서 마음에 드는 옷을 살 거고요. 만약 그 옷이 날개 돋친 듯 많이 팔린다면, 그 회사는 돈을 많이 벌게 되겠지요. 즉, 부를 갖게 되는 거예요.

어떤 일을 훌륭하게 해내는 솜씨는 매우 중요해요. 우리는 이것을 '기술'이라고 하는데, 기술은 경제가 성장하는 데 없어서는 안 될 중요한 요소예요. 위의 경우처럼 옷을 많이 팔려면 디자이너의 실력도 필요하고, 잘 판매하는 능력도 필요해요.

그렇다면 역사 속에서 가장 주목되는 기술로는 어떤 것이 있을까요? 아마 1760년경 산업혁명을 몰고 온 기술이 대표적일 거예요. 산업혁명이란 기계의 등장으로 사회가 크게 변화한 사건을 말해요. 이즈음 리처드 아크라이트라는 사람이 베 짜는 기계를 발명했어요. 그 전까지는 사람들이 일일이 손으로 베를 짰지만 이 기계가 발명된 뒤부터는 커다란 공장에서 기계를 돌려 옷감을 짰어요. 이때는 손으로 짜는 것보다 훨씬 빨리, 훨씬 많은 옷감을 짤 수 있었기 때문에 사람들은 전보다 싼값에 옷을 살 수 있었답니다. 기술의 혁신은 이렇게 사람들의 생활을 바꾸어 놓았어요.

생각해 보세요. 여러분은 컴퓨터가 없는 세상을 상상할 수 있나요? 하지만 컴퓨터가 발명된 것은 그리 오래전이 아니지요. 인터넷도 마찬가지고, 최근 유행하는 스마트폰도 마찬가지예요. 생겨난 지 얼마 되지 않았지만 사람들은 어느새 인터넷으로 쇼핑을 하고, 친구와 이야기를 나누고, 온라인 동영상으로 공부도 하게 되었어요.

자동차나 각종 전자제품, 건물을 짓는 방식도 마찬가지예요. 기술의 혁신을 통해 엄청난 발전을 이루었지요. 그리고 이러한 기술을 개발한 사람이나 회사는 큰 부를 갖게 되었어요.

대표적인 인물로는 자동차 회사를 세운 자동차의 왕 헨리 포드, 발명왕 토머스 에디슨, 그리고 아이폰을 개발한 스티브 잡스가 있지요.

## 산업혁명이 가져온 변화는 무엇일까요?

오래전 사람들은 필요한 물건을 모두 집에서 만들어 썼어요. 옷이 필요하면 베를 짜서 옷감을 만들고, 그 옷감을 바느질해서 옷 한 벌을 만들었지요. 그러다 보니 시간이 무척 많이 걸렸고, 돈도 많이 들

었어요.

농업과 어업도 마찬가지로 시간과 노력을 많이 들여야 했지요. 손으로 일일이 모를 심거나 잡초를 뽑아 주고, 그물을 띄워 고기를 낚아 올려야 했으니까요. 사람의 손이 닿지 않으면 어떤 먹을 것도 구할 수가 없었어요.

그러다가 기계를 사용하는 두 번째 혁명, 즉 '산업혁명'이 시작되었어요. 앞에서 말한 것처럼 베를 짜는 방직 기계가 등장하자, 수많은 공장들이 생겨났어요. 공장에서 엄청나게 많은 양을 빨리 생산해 내자, 공장 주인들은 주변 나라에도 앞다투어 공장을 세웠어요.

1765년에는 영국에서 제임스 와트가 석탄으로 움직이는 '증기기관'을 발명했어요. 증기기관은 석탄을 태워 물을 끓일 때 발생하는 증기의 힘으로 증류기를 움직였지요. 증류기는 피스톤을 작동시켜 연결된 바퀴를 구르게 만들었고요. 사람들은 증기기관을 이용해 광산에서 석탄을 캐고, 실을 만드는 방직기와 옷감을 짜는 역직기를 움직였어요. 덕분에 직물 산업은 빠르게 성장했고, 영국의 리버풀과 맨체스터는 온 도시가 공장에서 뿜어내는 연기로 가득했어요.

산업혁명이 가져온 사회적 변화는 엄청났어요. 사람들은 농사를 짓거나 가축을 기르는 대신에 공장에서 일하게 되었고, 월급을 받게 되었어요. 공장 주인들은 어떻게 하면 더 좋은 기계를 개발해서 생산량을 늘릴 수 있을까 고민했어요. 그래서 공장에서 만들어 낸 상품을 빨리빨리 옮길 수 있는 증기기관차와 증기선 등도 발명되었어요. 여기에 쓰인 기술들은 자동차와 비행기, 전등, 라디오 등을 발명하는 데도 큰 도움을 주었지요. 그 덕분에 사람들은 자동차를 타고 멀리까지 빨리 움직일 수 있었고, 일하면서 심심하지 않게 라디오도 들을 수 있었어요. 이렇게 과학 지식이나 기술은 우리의 생활을 크게 변화시켰답니다.

이뿐만이 아니에요. 사람들이 도시로 몰려들면서 도시 인구가 많이 늘어나자 사람들이 잘 다닐 수 있도록 도로도 더 만들어야 했어요. 늘어난 인구에 맞게 상하수도를 정비하고, 질서가 잘 지켜지도록 단속할 경찰들도 배치했어요.

만약 산업혁명이 일어나지 않았다면 유럽은 농업 사회에서 산업 사회로 옮겨 가지 못했을 거예요. 노동자와 자본가라는 새로운 계급도 생겨나지 않았을 테고요.

## 자본가는 어떤 사람인가요?

산업혁명 이후 산업이 빠르게 발전하면서 '자본가'와 '노동자'가 생겨났어요. 자본가는 자본을 가진 사람을 말해요. 예를 들면 농사를 지을 수 있는 땅을 가졌거나, 임대할 수 있는 건물을 가졌거나, 회사를 운영하는 사람이지요. 노동자는 자기의 힘으로 일하고 그 대가로 돈을 받는 사람이에요.

그런데 자본가는 더 많은 이익을 얻기 위해 최대한 적은 임금을 노동자에게 주려고 하고, 노동자는 조금이라도 더 받으려고 하지요. 이렇게 서로의 입장이 다르다 보니 자본가와 노동자는 서로 갈등을 겪기도 해요.

자본가 중에서 많은 사람들이 회사를 운영하는 '기업가'예요. 기업가는 자신의 사업 계획에 맞는 뛰어난 인재를 뽑아 사업을 하지요. 이렇게 하는 데는 많은 비용과 위험 부담이 따를 수 있어요. 사업이 실패하면 투자한 돈을 모두 잃을 수도 있으니까요. 그런데도 기업가는 왜 그런 힘든 일을 하려는 걸까요?

기업가마다 그 이유는 다르겠지만 공통점은 바로 '이익'을 얻기 위해서라는 거예요. 그렇다고 기업가들이 모두 돈만 아는 욕심쟁이는 아니에요. 사업을 벌여서 성공할 때 얻는 보람도 크거든요. 또 돈을 벌어 좋은 곳에 쓰는 기업가도 많아요.

또한 수많은 물건을 만들어 내서 사람들에게 편리함을 주는 것도 기업가가 있기 때문에 가능하지요. 예를 들어 볼까요?

우리가 세계 곳곳으로 손쉽고 빠르게 여행을 떠날 수 있는 것은 비행기가 있어서 가능한 일이에요. 만약 비행기가 없다면 미국까지 가는 데 한 달 정도 걸리는 배를 타야 할지도 몰라요. 이 비행기는 미국에서 자전거 가게를 하던 라이트 형제가 만들었어요. 라이트 형제는 하늘을 마음대로 날고 싶다는 생각을 오랫동안 가지고 있었어요. 그들은 이 생각을 현실로 실현시켜 비행기를 만들었고, 나중에는 비행기 회사까지 차려 큰 성공을 거두었지요.

그뿐 아니에요. 밤에도 낮처럼 환하게 생활할 수 있는 것은 미국의 발명가 에디슨이 끈질긴 실험 끝에 발명한 전구 덕분이에요. 미국에 있는 세계 최대 종합 전기 회사인 '제너럴 일렉트릭'이 바로 에디슨이 만든 회사랍니다.

이처럼 수많은 기업과 기업가들은 우리 생활을 크게 변화시키고 있지요. '어떻게 하면 안전한 자동차, 더 빨리 달릴 수 있는 자동차, 누구나 살 수 있는 자동차를 만들 수 있을까?'를 연구하고 고민하는 사람이 없었다면, 우리는 지금처럼 편하게 자동차를 타고 다닐 수는 없었을 거예요.

헨리 포드는 안전하게 빨리 달릴 수 있는 자동차를 만들었을 뿐만 아니라 자동차 생산 과정을 각각 나누어서 더 빨리 제품을 만들 수 있는 '분업화'를 이루었어요. 또 기계를 사용해 일일이 사람 손을 거치지 않아도 자동차를 완성할 수 있도록 공장을 '자동화'했지요. 그 덕분에 매우 빨리, 더 저렴한 자동차를 생산했답니다.

빌 게이츠가 만든 개인용 컴퓨터도 마찬가지예요. 빌 게이츠 이전에 컴퓨터는 개인이 사용하는 물건이 아니고 회사나 정부 기관에서

만 사용할 수 있을 정도로 크고 비쌌어요. 하지만 빌 게이츠는 '누구나 자신의 컴퓨터를 가질 수 있도록 하겠다.'는 꿈을 가졌어요. 그래서 어떻게 하면 각 부품들의 크기를 줄일 수 있을지, 누구나 사용하기 쉽도록 만들 수 있을지 연구했지요. 그리고 마침내 빌 게이츠의 꿈 덕분에 우리는 지금 누구나 자신의 책상 앞에서 컴퓨터를 사용할 수 있게 되었어요.

이렇듯 세계와 우리나라의 수많은 기업가들이 새로운 분야를 연구하고 도전하여 우리 삶을 바꾸었고 지금도 부지런히 일하고 있어요. 그런 의미에서 기업가의 도전 정신은 인류의 발전에 큰 도움이 되어 왔지요.

기업가가 되기 위해서는 이렇게 제품을 연구하고 개발하는 것뿐 아니라 회사 운영에 필요한 여러 가지 업무를 잘 처리해야 해요. 회의를 진행하고, 소비자들에게 제품을 알리는 일을 해야 하고, 훌륭한 인재도 뽑아야 하고, 직원들이 열심히 일할 수 있도록 격려하고 직원 복지에도 신경을 써야 하지요.

기업의 규모가 커질수록 기업가의 결정이 회사와 근무하는 사람들의 삶에 큰 영향을 주기 때문에 기업가의 역할은 매우 중요해요. 기업가가 올바른 결정을 내리지 못해, 회사가 어려워지거나 문을 닫게 되면 직원들도 회사를 떠나 실업자 신세가 될 수밖에 없으니까요.

## 부자들은 어떤 습관을 가지고 있을까요?

성공한 기업가들은 대부분 부자예요. 빌 게이츠만 해도 어마어마한 재산을 가졌지요. 사람들은 부자를 부러워하고 자신도 부자가 되고 싶어 해요. 과연 부자가 되는 데는 뭔가 특별한 비결이 있을까요? 그 비결은 바로 좋은 습관을 갖는 거예요. 부자들의 경제 습관 몇 가지를 살펴볼게요.

첫째, 작은 것을 소중히 하는 습관이에요. '부자가 더 무섭다.', '부자가 더 인색하게 군다.'는 말이 있을 정도로 부자들은 오히려 알뜰하답니다. 어릴 때부터 절약이 몸에 배어 꼭 필요한 곳이 아니면 지갑을 열지 않지요. 물건을 사더라도 좀 더 싸게 파는 곳은 없는지 꼼꼼히 살펴봐요.

둘째, 가치가 있는 곳이라면 망설이지 않고 돈을 사용해요. 부자는 자신이 돈을 사용함으로써 더 큰 성과를 가져올 수 있다고 생각되면 기꺼이 돈을 내지요. 그래서 보통 사람들은 하기 힘든 투자를 하거나, 매우 큰돈을 기부하기도 하지요. 그렇다고 부자가 기분에 따라서 돈을 펑펑 쓰는 것은 아니에요. 반드시 그 결과를 생각하면서 지출을 하지요.

셋째, 미래를 준비하는 습관이에요. 부는 계획된 일의 결과로 따라오기 때문에 계획이 없다면 부도 생겨날 수 없어요. 멋지게 건설

된 다리와 높은 빌딩이 정확하게 설계도에 따라 지어지는 것처럼, 부는 명확한 계획에 따라 생기는 결과물이에요. 가난한 사람들은 요행수를 바라지만 부자들은 미래를 예측하고 이에 따라 투자를 하거나, 투자할 곳이 생길 때까지 기다린답니다. 미래를 준비하지 않고 현재의 기분에 따라 돈을 사용해서는 부자가 될 수 없지요.

넷째, 시간을 철저하게 관리하는 습관이에요. 부자에게는 시간이 곧 돈이기 때문에 시간을 철저히 지키지요. 때로는 시간을 아끼기 위해서 과감하게 돈을 지불하기도 해요. 예를 들어 어떤 사람이 하루 10시간 자동차를 닦으면서 10만 원을 번다면, 부자는 1만 원을 내고 차를 1시간 동안 맡기는 대신에 그 시간 동안 100만 원을 버는 일을 하는 거예요. 1만 원을 아까워하기보다는 1시간을 아깝게 여기는 것이지요.

다섯째, 뚜렷한 목표를 가지고 일하는 습관이에요. 성공은 뚜렷한 목표를 정했을 때 얻을 수 있거든요. 목표가 없다는 것은 목적지도 없이 달리는 것과 같아요. 자신이 어디를 향해 달리고 있는지도 모른 채 열심히만 달리는 것은 의미가 없겠지요?

이렇게 다섯 가지로 정리하고 보니, 부자가 되는 비결이 너무 평범하지요? 하지만 절대 쉽지 않아요. 문제는 실천이니까요. 부자는 말로 되는 게 아니라 실천을 통해 될 수 있답니다.

그런데도 '부자가 삼대 못 간다.'는 속담이 있어요. 여기서 삼대란

할아버지, 아버지, 아들을 말해요. 할아버지가 아무리 부자였어도 손자까지 부자이기는 힘들다는 뜻이지요. 왜 그럴까요? 부자가 되기도 어렵지만 부를 유지하는 것이 더 어렵다는 말이에요.

큰 부자가 되기 위해서는 많은 다른 사람과 치열한 경쟁을 하고, 때로는 다른 사람의 기분을 상하게 하면서까지 자신의 이익을 챙기기도 하지요. 또 부자가 되면 자신의 재산을 남에게 자랑하거나 없는 사람들을 깔보고 함부로 행동하는 경우도 있어요. 허랑방탕하게 낭비하면서 몸과 마음을 상하게도 하지요. 그런 의미에서 이 속담은 아무리 부자라도 제대로 관리하지 못하거나, 낭비하거나, 다른 사람으로부터 손가락질을 당하거나, 가난한 사람들의 마음을 상하게 해서는 안 된다는 경계의 뜻을 담고 있어요.

### 세계 최고의 부자는 누구일까요?

한 나라에서 최고의 부자가 되기도 어려운데, 세계적으로 손꼽히는 부자로는 어떤 사람들이 있을까요?

먼저 컴퓨터의 황제, 빌 게이츠를 꼽을 수 있어요. 빌 게이츠는 앞서 이야기했듯 개인용 컴퓨터를 개발하면서 크게 성공한 인물이에요. 그가 밝힌 부자가 되는 비결은 '다른 사람의 좋은 습관을 내 습관으로 만든다.'는 거예요. 무슨 뜻이냐면 다른 사람이 가진 좋은 습관을 보면 바로 따라한다는 것이죠. 평소 빌 게이츠는 새로운 생각이나 도전 의식을 가진 사람들의 말을 귀담아듣고, 그것을 자기의 것으로 만드는 뛰어난 능력이 있었어요.

다른 사람의 훌륭한 점을 닮으려고 애쓰다 보면 결국 자신도 훌륭해지는 것이니까요. 이것이 그가 세계 최고 부자의 위치에 있으면서도 세계적인 리더로 손꼽히는 이유이기도 하지요.

빌 게이츠는 최고 명문 대학인 하버드 대학교 법학과에 입학했지만 컴퓨터에 관심을 갖고는 학교를 그만두었어요. 앞으로는 컴퓨터의 시대가 올 것이라고 확신했거든요. 그리고 컴퓨터 회사인 마이크로소프트사를 세웠어요. 얼마 지나지 않아, 정말로 누구나 컴퓨터를 사용하는 시대가 되었어요. 빌 게이츠가 만든 컴퓨터는 불티나게 팔려 나갔고 그의 재산은 점점 불어났지요. 하지만 빌 게이츠는 돈 버는 것에만 집착하지 않고 자신의 재산을 어떻게 사회에 되돌려 주어야 할까 생각했어요. 이 덕분에 빌 게이츠는 재산뿐 아니라 기부금 액수에서도 세계 1위를 차지하고 있답니다.

다음으로는 주식 투자만으로 억만장자가 된 워런 버핏이에요. 워런 버핏은 자기가 부자가 된 비결이 일반 사람보다 독서를 다섯 배나 많이 하기 때문이라고 밝혔어요. 그만큼 책을 많이 읽는다는 거죠. 워런 버핏은 이미 열여섯 살 때 사업에 관련된 책을 수백 권이나

읽은 독서광이었어요. 지금도 그는 아침에 일어나 사무실에 나가면 자리에 앉아 책을 읽고, 다 읽은 다음에는 8시간 동안 다른 사람과 통화하고 그다음에는 또 읽을 거리를 가지고 집으로 돌아갈 정도랍니다.

주식은 정보가 중요한 역할을 하기 때문에 세계가 돌아가는 상황, 미래에 대한 예측, 사람들의 심리 등이 중요한 자료가 되지요. 워런 버핏은 이러한 정보를 책에서 찾았기 때문에 성공할 수 있었던 것이랍니다.

세 번째로는 세계 최대의 커피 전문점 스타벅스의 대표인 하워드 슐츠를 들 수 있어요. 그가 밝힌 부자가 되는 비결은 '매일 다른 사람들과 점심 식사를 한다.'는 거예요. 매일 다른 사람들과 점심을 먹으면서 다양한 사람들을 만나고 그것을 통해 새로운 아이디어를 얻는 거예요. 또 하워드 슐츠가 무엇보다 중시한 것은 회사의 직원들이에요. 첫 번째가 직원이고 두 번째가 고객이라고 할 정도이지요. 직원들을 진심으로 아낌으로써 그 직원들이 회사를 위해 열심히 일하도록 한 거예요.

네 번째는 미국의 방송인 오프라 윈프리예요. 윈프리가 밝힌 부자가 되는 비결은 '사람들과 쉽게 포옹하라.'는 거예요. 오프라 윈프리는 교황과도 쉽게 포옹할 수 있다고 말할 만큼 상대방의 사회적 지위에 상관없이 쉽게 다가가 편하게 해 주는 탁월한 능력을 가지고

있어요. 그래서 자신의 방송에 출연하는 출연자들과도 언제나 따뜻한 포옹을 나눔으로써 말로는 다하지 못한 소통을 하고 있지요.

상대방에 대해 거리감을 가지고 있거나, 싫어하는 마음이 있으면 포옹할 수 없어요. 포옹한다는 것은 그만큼 마음을 열고 다가가겠다는 의미이지요. 오프라 윈프리의 이런 모습은 시간이 흐를수록 많은 사람들에게 공평하고 따뜻하다는 이미지를 심어 주었어요.

다섯 번째로 우리나라 인물을 이야기해 보면, 대한민국을 대표하는 자동차 회사와 건설 회사를 세운 정주영 회장이에요. 정주영 회장이 생전에 자주 쓰는 말은 "해보기나 했어?"였다고 해요. 이 말은 끊임없이 도전하고 일궈 냈던 자신의 삶을 잘 나타내는 말이기도 하지요.

정주영 회장의 성공 비법은 바로 이 말에 담겨 있어요. 무엇이든 일단 해보는 게 중요하다는 도전 정신이지요. 이런 도전 정신과 진취적 생각은 가난한 집 장남으로 태어나 초등학교밖에 나오지 못한 정주영 회장이 우리나라를 대표하는 자동차 회사와 건설 회사를 만든 바탕이 되었지요.

이야기로 생각해 보기

## 알맹이 없는 호두

　신이 이 세상에서 인간들과 함께 살았던 시절이었어요. 평화롭기는 했지만 때로는 천둥과 함께 큰비가 쏟아지기도 하고, 엄청난 눈과 폭풍우가 몰아치기도 했어요. 태풍, 지진, 해일이 덮치기도 했고요. 이러한 자연재해 때문에 1년 동안 지은 농사가 큰 피해를 입기도 했어요.

　그러던 어느 날이었어요. 하루는 게으른 호두 과수원 주인이 신을 찾아가서 간청하였어요.

　"신이시여, 딱 1년만 모든 날씨를 제가 원하는 대로 다스릴 수 있도록 해 주십시오."

　호두 과수원 주인이 워낙 간곡히 졸랐기 때문에 신은 그의 부탁을 들어주었어요.

　"야, 신 난다. 날씨를 내 마음대로 할 수 있게 허락을 받았어. 이제 1년의 날씨를 내 마음대로 부릴 수 있게 되었다고!"

　그 뒤 날씨는 호두 과수원 주인의 마음대로 되었어요. 햇볕을 원하면 햇볕이, 비를 원하면 비가 내렸어요. 덜 여문 호두를 떨어지게 하는 바람도 없었고, 천둥, 먹구름도 없었어요. 모든 게 순조로웠어요. 호두 과수원

주인은 계속 빈둥거리며 놀거나 잠만 잤어요.

이윽고 가을이 되었어요. 호두는 상상할 수 없을 만큼 대풍이었어요. 호두 과수원 주인은 산더미처럼 쌓인 호두를 바라보면서 만족했지요.

흐뭇한 마음에 주인은 호두 알 하나를 따서 깨뜨려 보았어요.

"아니, 이게 뭐야. 알맹이가 없잖아? 어떻게 된 거지?"

호두 과수원 주인은 자기의 눈을 의심하면서 다른 호두를 깨뜨렸어요. 그런데 두 번째 알에도, 세 번째 알에도 알맹이는 없었어요. 모두 빈 껍데기뿐이었지요. 그는 헐레벌떡 신을 찾아가서 따졌어요.

"신이시여, 이게 어찌 된 일입니까? 호두 알마다 알맹이가 하나도 없어요. 왜 그렇죠?"

신은 빙그레 웃으면서 말했어요.

"도전이 없는 것에는 알맹이가 채워지지 않는 법이란다. 폭풍 같은 방해도 있고, 가뭄 같은 갈등도 있어야 껍데기 속의 영혼이 깨어나 호두 알맹이로 여물게 되는 법이지. 그런데 너는 1년 내내 호두나무에게 그러한 시련과 경쟁을 경험하지 못하도록 했으니 어떻게 호두 알맹이가 채워질 수 있겠느냐?"

❶ 이 글은 경쟁이 있는 경우와 없는 경우의 차이점을 보여 주고 있어요. 경쟁에 대한 여러분의 생각을 써 보세요.

❷ 왜 호두에 알맹이가 채워지지 않았을까요? 호두에 알맹이가 채워지기 위해서는 어떤 조건과 노력들이 필요할까요?

❸ 여러분이 생각하는 부자가 되기 위한 조건은 무엇인가요?

# 2장

## 경제는 어떻게 움직이는 걸까요?

### 경제학의 아버지 애덤 스미스

애덤 스미스는 경제학이라는 학문을 처음 시작한 학자예요. 그래서 '경제학의 아버지'라고 불린답니다. 스미스는 부가 무엇을 통해 새롭게 만들어지는지, 또 어떻게 배분되는지에 대해 깊은 의문을 가졌어요. 그리고 오랫동안 연구한 자신의 생각을 정리해서 《국부론》이라는 책을 썼지요.

《국부론》에서 스미스는 '사람들이 자연으로부터 원료를 가져다가 노동을 통해 사람들이 원하는 그 무엇으로 변환시킬 때 경제적 가치를 지니는 부가 새롭게 만들어진다.'고 했어요. 부가 어떻게 만들어지는지 설명한 말이에요. 좀 어렵지요?

예를 들어 더 쉽게 설명해 볼게요. 도자기를 만드는 사람을 생각해 보세요. 그 사람은 좋은 흙을 찾아서 자신의 힘을 들여 여러 가지 그릇을 만들어 구운 다음, 그것을 시장에 내다 팔아서 돈을 벌지요.

누구의 것도 아니었던 흙이 그릇이 되면서 돈을 벌 수 있게 된 거예요. '부'가 생겨난 거죠. 스미스의 가장 뛰어난 점은 바로 부가 생겨나는 비밀이 '노동'에 있다고 밝힌 거예요.

부가 어떻게 만들어지는지에 대해서는 이렇게 설명했어요. 도자기를 만드는 노동자가 1시간 동안 1개의 그릇을 만드는 것보다 2개, 3개의 그릇을 만들어 낼수록 더 부자가 된다고요. 이것을 어려운 말로 '노동의 생산성을 높인다.'고 하지요.

여기에서 스미스는 노동의 생산성을 높이려면 혼자서 그릇을 처음부터 끝까지 다 만드는 것보다 누군가는 흙만 구해 오고, 누군가는 그릇 모양만 만들고, 누군가는 불을 지피는 일만 하는 것이 더 낫다고 밝혔어요. 혼자서는 1시간 동안 1개의 그릇밖에 못 만들지만 이렇게 일을 나누어서 하면 결국 1시간에 3개의 그릇을 만들 수 있다는 말이에요. 이것이 바로 '분업'이에요. 분업해서 일하면 더 많은 물건을 만들 수 있고, 그로 인해 더 많은 부를 나눠 가질 수 있답니다.

다음의 이야기를 읽으면서 분업에 대해 좀 더 살펴볼게요.


**못 공장의 이야기**
어느 곳에 못을 만드는 공장이 있었어요. 이 공장에서는 열 사람의 직공이 아침 일찍부터 저녁 늦게까지 열심히 못을 만들었지요. 못이 완성되기까지는 여러 가지 작업을 거쳐야 했어요.

철사를 뽑아내는 일, 철사를 곧게 다듬는 일, 철사를 자르는 일, 끝을 뾰족하게 하기 위해 철사의 날을 내는 일, 못 머리를 만드는 일, 색을 입히는 일 그리고 포장하는 일…….

이렇게 못이 완성되기까지는 많은 작업이 필요했어요. 그들은 서로 도움을 주고받지 않고 따로따로 일을 했어요. 열 사람이 각각 따로 작업을 한 것이지요. 그들이 하루 동안에 만든 못은 각각 20개였으니, 모두 합쳐 봐야 200개뿐이었어요.

공장 근처에 사는 스미스라는 아이는 한가할 때면 공장에서 일하는 사람들의 모습을 지켜보곤 했어요. 하도 오랫동안 그 모습을 지켜보다 보니 못을 만드는 과정이 머릿속에 훤했지요. 그러던 어느 날 스미스는 이런 궁금증이 생겼어요.

"못을 만들기 위해서는 저런 방법밖에 없는 걸까? 아무리 오래 일한 사람도 하루에 만들어 내는 못이 20개를 넘지 못하잖아? 따로따로 못을 만들기보다는 작업을 서로 나누어서 하면 더 많은 못을 만들 수 있을지도 몰라."

스미스는 곧장 공장장을 찾아갔어요.

"공장장님, 일하는 방법을 바꿔 보면 어떨까요? 지금처럼 따로따로 못을 만들기보다는 한 사람이 한 작업씩 나누어 맡아서 일을 하면 훨씬 능률이 오를 거예요."

"왜 그렇게 생각하니?"

"철사를 뽑아내는 사람 따로, 자르기만 하는 사람 따로, 곧게 다듬는 일만 하는 사람 따로……. 이렇게 하면 한 가지 기술에 익숙해질 것이고, 다른 일로 옮기는 과정에서 드는 시간도 절약할 수 있을 테니까요."

공장장은 잠시 생각해 보더니 밝은 표정으로 이렇게 말했어요.

"흠, 생각해 보니 그렇구나. 너는 정말 굉장한 생각을 해냈구나. 내일부터는 그렇게 일해 보도록 해야겠다."

다음 날부터 공장 사람들은 새로운 작업 방법으로 일을 시작했어요. 한 사람은 철사만을 뽑아냈고, 다른 사람은 철사를 자르는 일만 했지요. 얼마 지나지 않아 그들의 일손은 매우 빨라졌어요. 같은 일만 하다 보니 일의 속도가 빨라진 거지요. 그래서 못의 생산량도 크게 늘어났어요. 나중에는 똑같은 직공 열 사람이 하루에 만든 못이 무려 4만 8000개나 되었어요.

"아니, 얼마 전까지만 해도 하루에 200개를 겨우 만들었는데 4만 8000개를 만들다니!"

공장장은 싱글벙글 웃었어요. 덕분에 공장에서 일하던 사람들의 월급도 높아졌답니다.

### 분업

위의 이야기는 경제학자 애덤 스미스가 생각한 분업을 쉽게 설명

하기 위해 만들어 본 것이에요. 하지만 숫자는 모두 사실이랍니다. 애덤 스미스는 노동자들이 각각의 작업을 혼자서 모두 처리하지 않고, 한두 단계씩 가장 잘할 수 있는 작업을 골라 나누어 맡음으로써 그것에만 집중하게 하는 방법을 발견했어요. 결과는 너무나 놀라웠지요. 못 200개를 생산하던 공장에서 4만 8000개를 생산하게 되었으니 정말 놀라운 일이지요? 분업이 없었다면 이 공장은 지금도 여전히 하루에 200개의 못만을 만들고 있을 거예요.

오늘날의 자동차 공장을 생각해 볼까요? 만약 옛날처럼 혼자서 자동차 한 대를 만든다면 아마 1년에 한 대도 생산하기 힘들 거예요. 혼자서 바퀴를 만들고, 엔진을 깎아 조립하고, 색을 입히고, 문을 만들어 단다고 생각해 보세요. 너무나 어마어마한 일이잖아요?

그러나 자동화 시설이 갖추어진 오늘날에는 바퀴를 다는 사람은 바퀴만, 문을 조립하는 사람은 온종일 문만 달아요. 그 결과 하루에 수백 대의 자동차를 만들어 낼 수 있게 되었지요.

### 전문화

생산성을 높이는 방법은 분업 말고도 '전문화'가 있어요.

지구 곳곳의 나라들은 사람들의 피부 색깔이 서로 다르듯 잘하는 것도 서로 달라요. 예를 들어, 한국 근로자 한 사람이 1년에 컴퓨터를 50대 생산하는데 스리랑카 근로자는 10대밖에 생산해 내지 못하고, 한국 근로자 한 사람이 1년에 옷 100벌을 만드는데, 스리랑카 근로자는 50벌밖에 만들지 못한다고 생각해 봐요.

이럴 경우, 컴퓨터에 있어서 한국 근로자의 생산성은 스리랑카 근로자보다 5배 높다고 할 수 있어요. 5배나 많이 만들어 내니까요. 그렇지만 옷 생산에서는 생산성이 2배밖에 안 되지요. 이때 '한국 근로자는 컴퓨터 생산에 능숙하고, 스리랑카 근로자는 상대적으로 옷 생산에 더 능숙하다.'고 말할 수 있어요.

그러므로 한국에서 두 물건을 모두 생산하는 것보다는 한국에서는 생산성이 더 높은 컴퓨터를 만들고, 스리랑카에서는 옷을 만들어서 서로 교환하는 것이 두 나라 모두에 이익이 된답니다. 이것이 바로 '전문화'이지요.

이렇게 잘하는 한 가지 일에만 집중하는 것이 시간도 절약되고 큰 이익을 얻을 수 있어요. 분업과 전문화를 잘 활용하면 개인의 발전은 물론 사회와 국가, 인류에게 풍요로움을 안겨 줄 수 있지요.

### 보이지 않는 손이란 게 뭘까요?

사람들은 누구나 자신의 기술이나 힘을 이용해서 상품을 얻거나 만들어요. 농부는 농사를 지어 쌀을 수확하고, 어부는 물고기를 잡고, 상품을 팔기도 하고, 월급을 받기도 하면서요. 우리는 이렇게 얻어진 상품이나 돈을 서로 교환해야만 살아갈 수 있어요. 아무리 배가 고프다고 해도 쌀만 먹거나 돈을 먹을 수는 없으니까요.

그렇다면 이럴 때 어떻게 교환하는 것이 개인에게도 좋고, 사회 전체적으로도 공정한 방법일까요? 애덤 스미스는 자원을 나누고 교환하는 가장 공정한 기준이 바로 '이기심'이라고 주장했어요. 사람들이 모두 자기가 행복한 방법을 선택하면 그것이 사회 전체적으로 부가 커지는 것이라고요.

이기심이라면 자기만 생각하는 못된 생각 아니냐고요? 글쎄요. 애덤 스미스가 왜 이렇게 생각했을까요? 애덤 스미스의 《국부론》을 살펴볼게요.

푸줏간 주인, 양조장 주인, 빵 굽는 사람들의 친절함 때문에 우리가 오늘 저녁을 먹을 수 있는 것이 아니라, 그들이 자신의 이익을 위해 일하기 때문이다. 사람들은 사회의 이익을 키울 생각도 없고 자신들이 사회의 이익을 위해 일한다고도 생각하지 않는다. 그저 개인의 이익만을 원해 일하고 있지만 이것은 '보이지 않는 손'에 이끌려 자연스럽게 사회적 이익을 키우게 되는 경우가 많다.

좀 어려운가요? 그러니까 애덤 스미스의 말은, 사람들이 자신에게 주어진 자리에서 가장 좋은 것을 선택하려는 이기적인 행동이 결국은 사회 전체를 풍요롭게 만든다는 거예요. 빵 가게 주인은 국가나 사회를 위해 빵을 만들어 파는 것이 아니에요. 빵을 팔아서 돈을 벌어 그 돈으로 가족들과 함께 생활하기 위해서인 거죠.

그래서 아침 일찍 일어나 피곤한 눈을 비비면서 가게 문을 열어요. 하지만 이런 빵 가게 주인의 행동 덕분에 아침 일찍 출근하는 사람들이 빵을 사 먹을 수 있지요. 만약 빵 가게 주인이 늦게 일어나서 가게 문을 늦게 연다면 많은 사람들이 배가 고픈 상태에서 출근을 해야 하고, 회사에서도 배가 고파 일의 능률이 떨어질 수 있겠지요.

여기서 빵을 파는 가게 주인을 '공급자'라고 하고 빵을 사 먹는 사람들을 '수요자'라고 해요. 공급자는 팔려는 사람이고 수요자는 사려는 사람이에요. 빵 가게 주인은 빵을 팔 때는 공급자이지만 옷을 사러 가면 다시 수요자가 되지요. 수요자와 공급자의 위치는 상황에 따라 바뀌지만 모든 수요자와 공급자가 각자 자신의 이익을 위해 움직이고 있는 것은 같아요. 모두 자기에게 필요한 대로 움직일 뿐이지만 사회 전체적으로 보면 마치 보이지 않는 손이 조종하고 있는 것처럼 보인답니다. 이것이 바로 애덤 스미스가 말한 '보이지 않는 손'이에요.

그렇다면 가격은 어떻게 정해지는 걸까요? 팔려는 사람과 사려

는 사람의 뜻이 맞을 때 가격이 결정되어요. 예를 들어 어느 빵집의 빵이 맛있다고 소문이 났다고 생각해 보세요. 빵은 날개 돋친 듯 팔리겠지요? 신이 난 주인은 1,000원이던 빵 값을 2,000원으로 올렸어요. 그러자 손님들의 발길이 뚝 끊겼어요. 아무리 맛있는 빵이라고 해도 2,000원은 너무 비쌌으니까요. 손님이 줄면 주인의 이익도 줄어들기 때문에 결국 주인은 빵 값을 다시 내려야 할 거예요.

이처럼 가격이 내려가면 사려는 사람들이 늘어나고, 가격이 올라가면 사려는 사람들이 줄지요. 반대로 물건의 가격이 높아지면 높아질수록 이득이 많이 남으니 팔려는 사람은 늘어날 거예요. 이렇게 계속하다 보면 서로 반대되는 힘이 균형을 이루는 지점이 정해져요. 그리고 이 지점에서 가격이 결정된답니다.

이렇게 사람들이 각자 자유롭게 이기심을 가지고 경쟁을 하다 보면 자연스럽게 균형점에 이르게 되어요. 애덤 스미스는 그런 의미에서 인간의 이기심이 사람들의 행복을 가장 크게 만들어 주는 힘이라고 설명한 거예요.

## 자본주의와 사회주의는 어떻게 다를까요?

쉽게 설명하면 자본주의는 돈을 가진 자본가가 노동자를 고용하여 상품을 만들어 팔면서 이익을 얻는 경제를 말해요. 자본주의는 18세기 중엽부터 영국과 프랑스 등을 중심으로 점차 발달했고, 19세기에 들어와 독일과 미국 등으로 퍼져 나갔어요. 오늘날 세계의 나라들은 대부분 자본주의 경제를 택하고 있지요.

그렇다면 자본주의의 특징은 무엇일까요?

첫 번째는 자기가 번 것은 자기가 갖는 '사유재산 제도'예요. 사유재산 제도 아래서는 토지 같은 천연자원이나 공장 등의 생산 시설을 개인이 가질 수 있고, 이것을 나라에서 법으로 보호해 주지요. 그리고 그 주인이 자유롭게 팔거나 없앨 수 있는 권리도 가지고 있어요. 당연한 것 아니냐고요? 그렇지는 않아요. 아주 오래전에는 자기가 잡아 온 멧돼지라고 해도 자기만의 것은 아니었어요. 마을 사람들이 공평하게 나눠 가졌죠. 하지만 자본주의에서는 개인의 재산이 법으로 철저히 보호되어요.

두 번째는 자유 경쟁이에요. 김밥 가게가 나란히 두 집이 있다고 할 때, 한 집은 아침 9시에 문을 열고, 다른 집은 12시가 다 되어 문을 열어요. 당연히 일찍 문을 연 집이 돈을 많이 벌겠지요? 12시에 여는 집이 돈을 더 벌고 싶다면 옆집보다 더 먼저 문을 열고 늦게까지 장사를 하면 될 거예요. 이것은 두 가게가 각각 알아서 경쟁할 일이지, 국가가 몇 시에 문을 열라고 정해 주지는 않는다는 것이죠.

세 번째는 모든 재화에 가격이 있어요. 여기서 '재화'란 단지 상품만이 아니라 서비스도 포함해요. 우리가 공책을 산다고 할 때는 공책이 재화가 되지만, 도우미 아주머니를 불러 청소를 맡길 때는 그 서비스가 재화가 되지요. 엄마가 그냥 집 청소를 하는 것은 재화가 아니지만 도우미 아주머니를 부르면 재화가 되는 거예요.

자본주의 경제는 이런 특징들을 가지고 국가의 부를 크게 늘려 왔어요. 자본주의 경제를 찬성하는 사람들은 자유로운 경제 활동을 최대한 보장하고, 정부는 간섭하지 않는 것이 개인이나 국가의 부를 더욱 늘릴 수 있다고 주장했지요. 그 결과 누구는 부자가 되고, 누구는 가난하게 되어도 어쩔 수 없다고 생각했어요.

부는 최선을 다해 경제 활동을 한 사람에게 돌아가야 하기 때문에 자본주의가 생명력을 발휘하기 위해 불평등은 어쩔 수 없는 것으로 생각했어요.

이러한 자본주의가 첫 번째로 위기를 맞은 것은 세계 대공황 때였어요. 대공황은 1929년부터 10여 년간 주가가 급격하게 떨어지면서 전 세계 경제가 어려워진 시기를 말해요. 물건은 넘칠 정도로 많았지만 사람들은 그것을 살 돈이 없을 정도로 쪼들렸어요. 기업은 상품이 팔리지 않아 공장 문을 닫을 수밖에 없었고 공장이 문을 닫자

실업자가 넘쳐났어요.

사람들은 대공황을 극복하기 위해 열심히 노력했지만 쉽지 않았어요. 자유 경쟁만으로는 해결할 수 없는 문제였거든요. 어쩔 수 없이 국가가 나서서 여러 가지 정책을 마련하면서 간신히 대공황을 벗어날 수 있었어요. 이때부터 사람들은 자본주의가 가진 지나친 경쟁심이나 탐욕, 빈부 격차에 대한 변화가 필요하다는 것을 깨닫게 되었지요.

그러나 이러한 비판에도 불구하고 여전히 자본주의 경제가 가장 바람직하다고 여기는 사람들도 많았어요. 몇몇 문제점도 있지만 그건 작은 문제일 뿐이라는 거였어요. 그러다 보니 두 번째 위기가 닥쳤어요.

바로 사회주의의 등장이었어요. 사회주의란 자기가 번 것은 자기만 갖는다는 사유재산 제도가 인간성을 해치고 가난한 사람과 부자의 차이를 더욱 벌어지게 하기 때문에 생산 수단을 함께 소유하는 것이 더 좋은 사회라는 생각에서 출발했어요. 그래서 땅이나 공장, 집 등이 특정한 누구의 것이 아니라 나라의 것이 되어야 한다고 보았지요.

사회주의를 주장한 대표적인 사람은 마르크스예요. 마르크스가 살았을 때는 지금과는 달리 자본주의가 최고조에 달한 때였어요. 사람들은 돈을 벌기 위해서라면 어린아이들까지 공장에서 일을 시킬

정도였지요. 또 도시는 공장에서 뿜어 대는 매연으로 눈을 뜨고 다닐 수조차 없었어요. 하지만 환경보다는 돈이 중요했고, 인권보다는 돈이 우선이었어요. 그 덕분에 누군가는 공장을 운영하면서 엄청난 돈을 벌었지만 또 다른 누군가는 돈이 없어 거리에서 굶어 죽기도 했어요. 이런 모습을 본 마르크스에게는 자본주의가 없애 버려야 할 몹쓸 제도로 생각되었을 거예요.

하지만 20세기에 들어오면서 자본주의는 많은 문제점을 고쳐 나가기 시작했어요. 노동조합을 만들어 노동자의 권리를 지켰고, 부자들에게는 많이 버는 만큼 더 많은 세금을 내게 했고, 가난하고 약한 사람이 손해를 보지 않도록 정부가 나서서 여러 제도를 만들었지요. 그 덕분에 자본주의는 계속해서 지금까지 발전해 왔어요.

## 사유재산 제도는 무엇인가요?

자기가 번 것을 자기가 갖는 사유재산 제도는 어떻게 생겨났을까요? 현대 자본주의의 사유재산 제도는 18~19세기에 자본주의의 탄생과 함께 시작되었어요. 누구나 일한 만큼 부자가 될 수 있기 때문에 많은 사람들이 밤낮없이 일하여 한 푼이라도 더 벌려고 했지요. 그 덕분에 자본주의가 끊임없이 발전할 수 있었어요.

자본주의와 달리 사회주의 경제에서는 하나의 물건을 만들더라도 사회에 꼭 필요한 물건인지 따져 보고, 얼마나 만들 것인지를 중앙 정부가 결정하지요. 또 토지와 기업도 개인이 가질 수 없고 국가의 것이거나 사회의 소유였어요. 이것을 '국유화'라고 하지요.

그러다 보니 사람들은 선택의 자유가 없어졌어요. 수많은 신발 중에서 어떤 신발을 살지 고민할 필요가 없이 그저 배급받은 신발을 신으면 되었으니까요. 이런 제도는 일하고 싶은 개인의 의욕을 떨어뜨리고 창의적인 아이디어를 가로막았어요. 사람들은 점점 시키는 일만 하게 되었지요. 열심히 한다고 해서 자기에게 돌아오는 것이 많은 것도 아니고, 힘만 들 뿐이었으니까요.

그래서인지 오늘날 대부분의 사회주의 국가들은 이미 무너졌거나 쇠퇴의 길을 걷고 있답니다.

사람들에게는 자기 것을 소중히 여기고 더 아끼고 더 잘 돌보고 싶은 마음이 있어요. 만약 이 세상에 네 것이나 내 것이 따로 없어서 열심히 일을 하는 사람이나 빈둥빈둥 노는 사람이나 똑같이 가지게 된다면 누가 열심히 일을 하려고 하겠어요? 일의 결과가 자신에게 돌아올 때, 사람들은 더욱 많이 노력하고 자신의 능력을 최대로 발휘하려고 하지요. '열심히 돈을 벌어서 큰 집을 장만해야지.' 하는 생각이나 '예쁜 가방을 만들어서 열심히 팔아야지.' 하는 생각도 사유 재산 제도가 있을 때 가능한 것이랍니다.

그런데 몇몇 사회주의 국가 중에서도 중국은 새로운 모습을 보여 주고 있어요. 국가의 정치 체제는 사회주의지만 경제면에서는 자본주의 시장 경제 방식을 받아들였거든요. 중국인들은 자신이 일한 만큼 부자가 될 수 있으니 열심히 일하기 시작했어요. 그러다 보니 넓은 땅과 많은 노동력을 가진 중국이 세계의 경제를 주름잡는 강자로 떠오르고 있답니다. 최근에는 다른 사회주의 국가인 베트남과 북한도 이런 중국의 영향을 받고 있지요.

## 망원경 때문에 부자가 된 찡어

동해 바다 속에 사는 복어에게는 말 못할 슬픔이 있었어요. 복어는 너무 작고 몸이 약해서 학교를 다니기가 너무 힘들었거든요. 하루는 마음씨 착한 찡어가 복어에게 다가와 말했어요.

"복어야, 학교에 다니는 게 힘들지? 내가 도와줄 테니 함께 다니자."

복어는 힘없이 머리를 저었어요.

"그랬다간 너마저 지각을 하게 될걸."

"아니야, 내가 너를 등에 태우고 헤엄치면 돼. 나는 다리가 많아서 책가방이랑 실내화 주머니랑 도시락을 두 개씩 들고도 네 개나 남아."

그래서 복어와 찡어는 날마다 함께 학교에 다니기 시작했어요. 찡어 덕분에 학교에 늦지 않게 된 복어는 공부를 잘해서 남들보다 일찍 졸업을 했지요. 학교를 졸업한 다음에도 복어는 열심히 일했어요. 그 덕에 10년쯤 지나고 나니 살림이 넉넉해져 남부러울 게 하나도 없었답니다.

하지만 찡어는 부자인 복어만 믿고 빈둥빈둥 놀러 다녔어요. 학교도 겨우 졸업했고 일자리도 얻지 못했어요. 복어는 그런 찡어가 걱정이 되었어요.

어느 날 복어는 큰돈을 주고 물 밖 세상을 볼 수 있는 망원경을 샀어요.

복어가 망원경을 보고 있는데 찡어가 다가와 어디에 쓰는 물건인지 물었어요.

"이건 물 밖 세상을 볼 수 있는 망원경이야. 땅 위에는 네 발로 걸어 다니는 이상한 짐승이 살고 있어. 이제부터 이 망원경으로 물 밖 세상을 연구해서 큰 부자가 될 거야."

찡어는 복어의 말을 듣고 깜짝 놀랐어요.

"뭐, 네 발로 걸어 다니는 짐승이 있다고? 세상에! 어디 나도 좀 보자."

"안 돼. 이 망원경은 내 거야. 내가 번 돈으로 산 거라고. 정 보고 싶으면 너도 열심히 돈 벌어서 네 망원경을 사려무나."

"흥, 그깟 망원경 안 보여 줘도 돼. 두고 봐. 나도 망원경을 살 테니까."

화가 난 찡어는 그길로 일자리를 얻어 열심히 일했어요. 하루도 쉬지 않고 밤낮없이 일한 덕에 10년 뒤에는 복어만큼 부자가 되었어요. 갖고 싶던 망원경도 살 수 있게 되었지요. 그러자 복어가 찡어를 찾아와 말했어요.

"찡어야, 그때 내 망원경을 보여 줬더라면 네가 이렇게 큰 부자가 되지는 못했겠지?"

그제야 친구의 마음을 알아차린 찡어는 복어와 화해하고 더욱 사이좋게 지냈어요.

❶ 이 글은 사유재산 제도의 필요에 대해 설명하고 있어요. 사유재산 제도의 문제점과 좋은 점을 설명하고 여러분의 생각을 적어 보세요.

❷ 분업을 하면 어떤 좋은 점이 있을까요? 분업의 이익에 대한 구체적인 예를 써 보세요.

❸ 자본가와 노동자가 서로 대립하게 된 이유는 무엇일까요?

# 3장

## 가난한 사람과 부자는 왜 생기는 걸까요?

## 왜 가난해질까요?

'왜 가난한 사람이 생길까?' 하는 것은 인류가 오랫동안 고민해 온 문제예요. 왜 누구나 넉넉하게 잘살지 못하는 것인지, 그 이유는 무엇인지, 어떻게 바꾸어야 할 것인지 등에 대해서 말이에요.

하지만 누구도 쉽게 그 문제를 해결하지 못했답니다. 오래전에는 열심히 일하지 않고, 게으르기 때문에 가난하다고 여겼어요. 개미가 일할 때 나무 그늘에서 노래만 부르던 베짱이처럼 살기 때문이라고요. 그러나 오늘날에는 그것보다는 자본주의의 제도가 가진 문제 때문이라고 생각하는 사람들이 많아요.

자본주의 제도 아래서는 누구나 경쟁을 해야 하지요. 좋은 회사에 들어가기 위해 경쟁해야 하고, 또 승진하기 위해서도 경쟁해야 하고, 물건을 팔기 위해서도 옆 가게나 다른 가게와 경쟁해야 해요. 좋은 회사에 들어가지 못하면 남들보다 적은 임금을 받게 되고, 다른 가게와의 경쟁에서 밀려 가게가 잘 안 되면 형편이 어렵지요. 그러다 보니 사람들은 경쟁에서 밀리지 않기 위해 밤낮으로 일하고, 이로 인해 건강을 해치고, 정신적으로도 고통을 겪게 되었답니다.

열심히 일해서 경쟁에서 이기면 되지 않냐고요? 물론 맞는 말이에요. 하지만 똑같은 치킨 가게를 운영하고 있어도 홍보 전단지도 많이 돌리고 일하는 직원도 많은 큰 가게를, 부부가 단둘이 운영하는 작은 가게가 이기기는 어렵지요. 만약 작은 치킨 가게가 손님을 끌기 위해 무리하게 홍보를 하고 직원을 늘린다면 빚까지 져야 할지도 몰라요.

이처럼 가난한 사람들은 경쟁에서 밀리기가 쉬워요. 쉽게 예를 들면, 같은 대학을 졸업했다고 해도 대기업에 취직한 사람과 작은 기업에 취직한 사람의 임금은 다르고 시간이 지날수록 점점 그 차이가 커져요. 대기업에 다니는 사람은 많은 임금으로 저축도 하고, 부동산도 구입할 수 있는 반면에 작은 기업에 다니는 사람은 가족과 함께 살기도 빠듯해서 저축은 엄두도 낼 수 없어요. 시간이 지나면서 부자와 가난한 사람의 차이는 점점 벌어지는 거지요.

전 세계적으로 살펴보았을 때 가난의 원인은 대략 다섯 가지로 정리할 수 있어요.

첫 번째는 정치적으로 불안정하기 때문이에요. 오랫동안 독재 정치를 해 온 나라나 종교적인 갈등을 겪고 있는 나라에서는 몇몇 힘

있는 사람들이 그 나라 대부분의 부를 가지고 있는 경우가 많아요. 이들은 독재 정치를 지키기 위해서만 돈을 쓸 뿐, 국민들의 살림살이 따위에는 관심이 없어서 국민 대부분이 매우 가난해요.

두 번째는 자연환경이 좋지 않은 경우예요. 너무 더운 곳이라든가 너무 추운 곳, 또 물이 부족한 나라 혹은 홍수나 지진 등 자연재해가 많은 나라는 풍요로운 곳이 되기 힘들어요. 그곳에 사는 사람들의 잘못은 아니기 때문에 더 안타깝지요.

세 번째로는 다국적 기업의 먹잇감이 되는 경우예요. 열심히 일하기는 하지만 손에 쥐는 것은 없어요. 이런 지역의 사람들은 선진국에서 세운 공장이나 농장에 취직해 열심히 일하지만 매우 적은 임금을 받기 때문에 저축을 할 수는 없지요.

세계 곳곳의 커피 농장에서 일하는 사람들, 선진국으로 수출될 축구공을 일일이 손으로 만드는 사람들, 초콜릿의 원료인 코코넛 농장에서 일하는 사람들이 그런 경우예요. 그래서 최근에는 '공정무역 제품 사기 운동'도 펼치고 있어요.

공정무역이란 쉽게 설명하면 제품을 수입할 때 원산지에서 무리하게 값을 깎지 않고 구입하는 거예요. 대신 중간 상인을 줄여서 이익이 원산지에서 고생하는 농부들에게 직접 돌아갈 수 있도록 하는 거예요.

공정무역은 대부분 개발도상국에서 선진국으로 수출되는 농산

물에서 많이 살펴볼 수 있어요. 공정무역 제품을 구입하면 중간 상인이 아니라 그 제품을 직접 생산한 사람에게 도움이 된답니다.

네 번째로는 북한의 경우처럼 세계적으로 고립되어 있어 무역 수출이 적은 경우예요. 교류를 하는 나라가 거의 없다 보니 물건을 만들어도 내다 팔 곳이 없어요. 그 나라에서 모든 것을 만들어 내고 그 나라 사람들만 사야 하기 때문에 경제가 발전하기 어렵지요.

다섯 번째는 중국이나 인도와 같은 나라처럼 인구가 너무 많은 경우예요. 사람들이 너무 많아서 먹을 것을 해결하기도 벅차기 때문에 경제 발전은 엄두도 낼 수 없지요. 물론 지금은 나아졌지만 아직도 중국과 인도의 시골 마을에는 굶주리는 사람들이 많답니다. 생각해 보세요. 아빠가 벌어 오는 돈은 같은데, 자식이 점점 늘어난다면 아무래도 살림살이가 어렵겠지요? 이 때문에 중국은 법적으로 한 자녀만 인정해 줄 정도로 인구를 줄이려고 무척 노력해 왔어요.

마지막으로는 전쟁이에요. 전쟁이 나면 사람이 죽고 건물이 무너지는 것은 물론이고 전쟁 무기를 사기 위해 계속해서 나랏돈을 써야 해요. 생활에 필요한 물건을 만들 공장도 없고, 그걸 살 만한 돈도 없지요. 게다가 늘 전쟁의 공포 속에 살아야 하기 때문에 제대로 된 경제 활동을 하기가 어려워요. 이런 경우 국민들은 가난할 수밖에 없답니다.

## 워킹 푸어가 뭘까요?

지금까지 가난은 일을 하지 않거나 할 수 없는 사람들의 문제였어요. 그래서 이들에게 일자리를 마련해 주는 정책을 많이 만들었지요. 그런데 최근에는 열심히 일하는데도 가난한 사람들이 많아졌어요. 어떻게 그럴 수 있냐고요? 안타까운 일이지만 일하면서도 가난한 사람들이 있어요. 이들을 '워킹 푸어working poor'라고 한답니다. 해석하면 '열심히 일하지만 가난한 사람들'이라고 할 수 있지요. 현재 우리나라에서도 전체 인구의 약 10퍼센트, 가난한 사람의 52퍼센트 정도가 워킹 푸어라고 해요.

그렇다면 워킹 푸어가 생기는 이유는 뭘까요? 그것은 고용이 불안정하기 때문이에요. 회사에 취직을 하긴 했지만 안정적으로 일할 수 있는 정규직이 아닌 경우가 많을 때 고용이 불안정하다고 해요.

고용의 방법에는 정규직과 비정규직이 있어요. 정규직은 말 그대로 근로 방식이나 기간 등 고용이 보장되는 정상적인 취업이지만 비정규직은 그렇지 않아요. 정해진 기간만 일하기로 하는 계약직이나, 하루에 얼마씩 임금을 받는 일용직을 말하지요. 쉽게 설명하면 비정규직은 회사에서 적은 임금을 주면서 편하게 사람들을 쓰기 위해 만든 제도예요. 그래서 정규직과 비슷한 일을 하면서도 임금은 정규직에 비해서 50~70퍼센트밖에 받지 못해요. 또 회사에서 필요가 없다

고 하면 하루아침에 그만두어야 할 수도 있어요. 비정규직은 회사에서 고용을 보장하지 않거든요.

이런 비정규직이 많아지면 많아질수록, 그 사회의 워킹 푸어는 늘어나게 된답니다. 워킹 푸어를 줄이기 위해서는 단순히 일자리를 늘리는 것이 아니라 일의 질, 즉 좋은 일자리를 많이 만들어야 해요. 좋은 일자리는 단순히 임금이 높은 것뿐 아니라, 얼마나 마음 편하게 안정적으로 계속해서 일할 수 있는지가 중요하지요.

그럼 워킹 푸어를 줄이기 위한 정책으로는 어떤 것이 있을까요?

첫째, 낮은 임금을 받는 노동자들이 살아 나갈 수 있도록 지원하는 거예요. 둘째, 일자리의 수를 무조건 늘리기만 하는 것이 아니라, 좋은 일자리가 늘어날 수 있도록 기업을 지원해야 하지요. 셋째, 비정규직의 임금이나 고용 조건이 지금보다는 나아지도록 노력해야 해요. 끝으로, 워킹 푸어는 일자리를 만드는 것만으로는 해결할 수 없기 때문에 복지 정책도 잘 세워야 하지요.

현재 생활이 어려운 노인들이나 장애인들에게 시행하는 국민 기초생활 보장 제도를 낮은 임금을 받고 일하는 사람에게까지 적용해야 해요. 또 고용보험에서 지원하고 있는 직업 훈련과 직업 알선 정책을 적극적으로 활용해 스스로의 힘으로 더 나은 일자리를 갖도록 도와주어야 해요.

### 절대적 가난과 상대적 가난은 어떻게 다른가요?

가난은 어느 시대, 어느 사회에서나 찾아볼 수 있는 사회 문제예요. 가난은 한 가정을 꾸리는 데 필요한 금액보다 가진 돈이 부족한 상태를 말하지요. 살아가는 데 꼭 필요한 연료나 먹을 것, 입을 것 등의 생필품이 부족하면 몸도 고단하고, 정신적으로도 불안할 수밖에 없어요. 이러한 가난이 계속되면 가난한 사람도 고통스럽지만 사회적으로나 국가적으로도 문제가 된답니다. 국민 한 사람이 곧 국가의 힘이기도 한데, 그 힘이 늘 불안한 상태로 지낸다면 국가 경쟁력이 낮아지기 때문이지요.

그러므로 가난을 없애는 것은 정부가 해야 할 기본 의무예요. 우리나라도 헌법에 모든 국민은 인간다운 생활을 할 권리를 가지며, 국가는 생활 능력이 없는 국민을 보호해야 할 의무가 있다고 분명하게 밝히고 있어요. 물론 얼마만큼 가난해야 가난하다고 할 수 있느냐의 기준은 나라마다, 사람마다 조금씩 달라요. 누군가는 다음 끼니를 걱정할 정도가 되어야 가난하다고 말하고, 또 다른 누군가는 사회적 평균보다 못살면 가난하다고 하니까요. 또 누군가는 남들 보기에는 잘사는데도 자신이 가난하다고 생각하며 불행하게 지내기도 해요.

이런 까닭에 가난은 '절대적 가난'과 '상대적 가난'으로 나눌 수 있어요. 절대적 가난은 누가 봐도 가난해서 학교는커녕 끼니도 제대로 해결하지 못할 정도인 상태를 말해요. 반면에 상대적 가난은 다른 사람들보다 자신이 가난하다고 생각하는 거죠.

오늘날에는 상대적 가난의 문제가 심각해요. 당장 굶주리는 것도 아닌데, 다른 사람이 가진 비싼 차나 비싼 옷을 사 입을 수 없기 때문에 자신이 가난하다고 여기는 거지요. 이렇게 생각하는 사람들의 숫자가 점점 늘어나고 있어요.

상대적 가난의 문제가 심각해지는 것은 빈부의 차가 커지기 때문이에요. 과거에는 사람들이 대부분 비슷한 것을 먹고, 비슷한 것을 사용하면서 살았지만 지금은 부자들과 가난한 사람들의 차이가 커지면서 부자들이 살아가는 것을 먼발치에서 바라만 보기 때문에 상대적으로 자신을 가난하게 여기는 것이지요.

어쩌면 '소유'라는 것이 있는 한 우리는 언제나 가난의 문제를 고민하면서 살아가야 할지도 몰라요.

오늘날 세계에는 1인당 국민소득이 100달러밖에 안 되는 콩고 같은 나라도 있고, 그것의 1,000배인 10만 달러에 이르는 룩셈부르크 같은 나라도 있어요. 왜 이처럼 차이가 심할까요? 자원이 부족하기 때문에, 또는 오랫동안 분쟁이 있어서, 환경이 열악하기 때문에 등등의 여러 가지 이유가 있을 거예요. 또 그들이 가진 문화 때문이라는 지적도 있어요. 이를 가장 먼저 관찰한 사람은 독일의 사회학자인 막스 베버였어요. 베버는 부자가 된 사람과 그렇지 않은 사람들의 차이가 무엇인지에 대해 관심을 가졌어요. 그리고 네 가지 사실을 알아냈지요.

첫 번째는 생각의 중요성이에요. 열심히 일하고 도덕적인 삶을 살면 죽어서 좋은 곳에 갈 뿐 아니라 지금 여기서도 반드시 성공할 거라고 믿는 거예요. "이렇게 별 볼일 없는 내 인생에 뭐 좋은 일이 일어나겠어?" 하는 체념은 절대 좋은 결과를 가져오지 못한다는 말이지요. 앞으로 더 잘할 수 있다는 낙천주의자와 현재 상황을 받아들이고 인정하는 사람일수록 부자인 경우가 많았어요.

두 번째는 협력이에요. 가장 중요한 것은 협력하면 반드시 보상이 오다고 믿는 거예요. 부의 크기는 정해진 것이 아니기 때문에 누구나 노력하면 부자가 될 수 있지요. 그런데도 다른 사람이 부자가 되면 자기는 절대 될 수 없다고 생각하고 서로 돕지 않는다면 성공하기 어려워요.

세 번째는 혁신이에요. 혁신을 쉽게 설명하면, 낡은 것을 과감하게 새로 바꾸는 거예요. 세상에서 일어나는 일을 종교나 미신으로 해결하려고 하지 않고 합리적이고 과학적으로 설명하려는 문화를 말해요. 지나치게 전통을 따른다든지, 다른 문화는 무조건 받아들이지 않는다든지 하는 것은 혁신을 막는 행동들이지요.

마지막으로는 시간에 대한 생각이에요. 오늘도 중요하지만 내일을 더 중요하게 여기는 생각이지요. 그래야 저축도 하고, 투자도 할 수 있거든요. 당장 내년에 지구가 멸망한다면 과연 사람들은 미래를 위해 공부를 하거나 저축을 할까요? 아마 아닐 거예요. 그러다가 지구가 멸망하지 않고 내년을 맞으면 아무런 준비도 하지 못한 채 다시 힘든 한 해를 보내야겠지요. 이처럼 시간을 소중히 생각하고 미래를 위해 준비하는 노력이 마침내 성공을 만드는 거랍니다.

## 국가가 해결할 수 있는 방법

전 세계에는 잘사는 나라들도 많지만 못사는 나라들은 더 많아요. 그래서 세계의 많은 나라들이 어떻게 하면 잘살 수 있을까 늘 고민하고 있어요.

후진국들은 대부분 경제 개발이 가장 크고 중요한 목표예요. 경제가 발전해야 국민들이 풍요롭고 넉넉하게 살 수 있을 것이라는 믿음 때문이지요. 후진국 사람들은 대부분 조금 벌기 때문에 조금 쓸 수밖에 없어요. 그러다 보니 회사에서는 물건을 만들어도 잘 팔리지 않아 매출이 적고, 직원들에게도 임금을 조금밖에 줄 수 없어요.

사람들도 마찬가지예요. 가난한 집에서 태어나면 많이 배우지도 못하고 좋은 기업에 취직하기도 힘들어요. 그러다 보니 임금을 적게 받아 가난하게 살고 그 자녀들은 다시 아버지의 가난을 물려받아 똑같이 가난하기 쉽지요.

이것이 바로 '빈곤의 악순환'이에요. 가난이 꼬리에 꼬리를 물고 이어지는 거죠. 많은 후진국이 계속해서 가난할 수밖에 없는 이유가 바로 이것이랍니다. 그러므로 어떻게 하면 이 악순환을 끊고 더욱 발전하느냐 하는 것은 후진국의 가장 중요한 과제이지요.

과연 국가는 어떤 방법으로 이것을 해결할 수 있을까요? 학자들은 두 가지 방법을 이야기해요.

첫 번째는 국가가 사회 간접 자본을 많이 만드는 거예요. 예를 들면, 도시의 중심에는 집값이 매우 비싸기 때문에 많은 사람들이 도시의 중심으로부터 멀리 떨어져 살아요. 그래서 출퇴근에 많은 시간을 쏟아야 하지요. 몸도 피곤하고 지치지만 비싼 기름 값을 내면서 승용차를 몰고 다닐 수는 없지요. 그러다가 몸이 안 좋아지면 회사를 그만두어야 할지도 몰라요. 이럴 때 국가에서 버스와 지하철 등 대중교통을 늘려 주고 전용차선 제도 등을 만들어 가난한 사람들이 직장 다니기 편하게 만들어 주면 결과적으로 임금을 조금 더 받는 것보다 더 큰 효과를 가져올 수 있답니다. 또 도시가스와 상하수도 시설 등 공공시설을 많이 만들어 제공하는 것도 마찬가지의 효과를 가져올 수 있어요. 도시가스가 연결되면 좀 더 싼값에 집을 따뜻하게 할 수 있으니까요. 이런 것이 바로 '사회 간접 자본'이랍니다.

두 번째는 경제 발전의 효과가 큰 산업에 집중 투자해서 일자리도 만들고, 경제도 일으키는 거예요. 우리나라의 경우 오래전에 이런 전략을 만들어서 포항 종합제철, 울산 정유공장, 충주 비료공장 등을 세웠어요. 그러자 지방에 많은 일자리도 생겼고, 관련 산업도 발전할 수 있었지요.

이 밖에 사람들의 잘못된 생각을 바꾸는 것도 꼭 필요해요. 열심히 일하는 것을 깔보는 사회 분위기를 바꾸고 근면하고 성실하게 일하는 것이 중요하고 의미 있는 일이라는 걸 깨닫도록 해야 해요. 겉만 번지르르한 허례허식을 부러워하는 분위기도 없애야 하고, 부자들을 무조건 미워하거나 비난하는 것도 옳은 일은 아님을 알려야 하지요. 이처럼 경제 개발을 위해서는 경제·사회·정치 등 모든 분야에서 개혁이 필요하답니다.

이야기로 생각해 보기

# 엽전 두 냥으로 방 안 가득 채우기

어느 날 서당 훈장님이 제자들에게 어려운 문제를 냈어요.

"너희에게 엽전 두 냥씩을 줄 테니 그 돈으로 이 방 안을 가득 채울 물건을 사 오너라. 반드시 두 가지 물건을 사야 하고 그중 하나는 성냥이어야 하느니라."

"네!"

대답을 하긴 했지만 제자들은 엽전 두 냥으로 무엇을 사야 할 지 알 수가 없었어요.

"아니, 엽전 두 냥으로 방 안을 가득 채울 물건을 사 오라니, 훈장님은 참 이상도 하지. 세상에 그런 물건이 어디 있다고……."

"글쎄 말이야."

제자들은 한숨만 푹푹 쉬었어요.

"아무래도 안 되겠어. 여기서 이럴 게 아니라 나가서 뭐든 찾아보자."

한 제자가 일어서자 모두들 따라나섰어요.

한참 후에 첫 번째 제자가 빙글빙글 웃으며 돌아왔어요. 첫 번째 제자는 주머니에서 성냥과 솜을 꺼냈어요. 그러고는 성냥으로 솜에 불을 붙였

어요. 그러자 솜을 태운 연기가 금세 방 안을 가득 채웠어요.

"보세요, 훈장님. 연기가 방 안을 가득 채웠지요?"

첫 번째 제자가 보란 듯이 말했어요.

"그렇구나. 쿨럭! 하지만 연기 때문에 눈을 뜰 수가 없구나."

훈장님은 매운 연기 때문에 눈물을 흘리면서 말했어요.

"너는 앞으로 너의 지혜로 가족을 굶기지 않고 잘 살겠구나. 하지만 잊지 말아라. 내가 지금 눈물을 흘리듯 너는 많은 사람의 눈물을 흘리게 할 게야."

곧 두 번째 제자가 돌아왔어요. 두 번째 제자는 향을 사 들고 와서 성냥으로 불을 붙였어요. 방 안은 금세 그윽한 향기로 가득 찼어요.

"훈장님, 어떠신지요?"

"너는 향기로 방 안을 가득 채웠구나. 너는 이 지혜로 향기 나는 삶을 살 것이다. 다른 사람의 눈물을 흘리게 하는 일은 하지 않을 게야."

훈장님은 흡족한 듯 고개를 끄덕였어요.

마지막으로 세 번째 제자는 초를 사 가지고 돌아왔어요. 세 번째 제자는 초에 불을 붙이고 나서 이렇게 말했어요.

"훈장님, 방을 채우기는 채우되 남들에게 이익이 되는 빛을 사 가지고 왔습니다."

그제야 훈장님은 크게 기뻐하며 세 번째 제자를 칭찬했어요.

"너는 커서 사람들에게 도움을 주는 훌륭한 사람이 될 것이다. 지금의 그 지혜를 잊어버리지 말고 열심히 노력하여라."

❶ 이 이야기는 물질적으로 풍요롭다고 해서 반드시 행복한 것은 아니라는 내용을 담고 있어요. 여러분이 생각하는 행복한 부자는 어떤 모습인가요?

❷ 사회 간접 자본이란 무엇이며 어떤 역할을 하는지 써 보세요.

❸ 절대적 가난과 상대적 가난에 대해서 설명해 보세요.

# 4장

## 경제와 평등은 어떤 관계가 있나요?

### 불평등은 왜 문제가 될까요?

국민 전체를 넉넉하게 먹여 살리기에는 생산량이 부족한 후진국에는 아직도 가난한 사람들이 많이 있어요. 그렇다면 잘사는 선진국에는 가난한 사람이 한 명도 없는 걸까요? 아니에요. 선진국에도 역시 가난한 사람들이 있답니다. 물론 개발도상국이나 후진국보다는 적을 수 있지만요. 그 이유는 무엇일까요? 왜 경제가 눈부시게 발전한 나라들도 가난을 물리칠 수 없는 걸까요? 그것은 가난이라는 것이 '분배의 불평등'과 깊은 관련을 맺고 있기 때문이에요.

분배의 불평등이란 공평하게 나눠 가지지 못했다는 거예요. 생각해 보세요. 아무리 백화점에 상품이 넘치고 팔려는 빈집이 남아돌아도 그걸 살 수 있는 사람은 몇몇뿐이라면 많은 상품과 집들도 소용이 없겠지요?

그런 의미에서 간디는 이렇게 말했어요.

"이 세상에 있는 물건들은 모든 사람의 필요를 만족시켜 줄 수 있을 만큼 넉넉하다. 그러나 모든 사람의 탐욕을 채워 줄 수 있을 만큼 넉넉하지는 않다."

사람들의 탐욕이 끝이 없기 때문에 우리는 늘 부족함에 시달릴 수밖에 없다는 거예요.

프랑스의 철학자 루소는 1755년에 쓴 《불평등 기원론》이라는 책에서 불평등의 원인은 현대 사회가 타락했기 때문이라고 주장했어요. 초기의 인류인 원시인들은 자연의 상태에서 동물과 같은 삶을 살았기 때문에 행복했고, 불평등도 없었다는 것이지요. 하지만 인간이 지배자와 피지배자라는 불평등한 사회 제도에 묶이게 되면서 서로 의존할 수밖에 없는 관계가 되었답니다.

이것은 앞에서 말한 농업혁명과도 관련이 있어요. 논밭에 농작물을 심어 키우면서 곡식을 저장하게 되었고 여기서 많이 가진 사람과 굶주리는 사람이 생겨났으니까요. 그러면서 불평등이 시작되었다는 거예요.

부자들은 자신의 이익을 보장하기 위해 법을 만들었고 그 법의 보호를 받으면서 지배자로 큰 세력을 가지게 되었지요. 그리고 지배받는 사람들을 억누르기 시작했어요. 그 결과 지배자와 피지배자 사이에 사회적 불평등이 점점 커지게 되었지요.

이러한 루소의 불평등론은 당시로서는 놀라운 이론이었어요. 학자들은 앞다투어 루소의 주장이 옳으니 그르니 비판을 해 댔지요. 하지만 오늘날에는 대부분의 사람들이 루소의 주장이 옳다고 여기고 있답니다.

그렇다면 21세기 지구촌 시대의 불평등 상황은 어떠할까요? 오늘날 전 세계 인구 중에는 21퍼센트 정도가 가난 때문에 고통을 당하고 있어요. 10억이 넘는 인구가 하루에 1달러(우리나라 돈 1,000원 정도)도 안 되는 돈으로 간신히 살아가고 있지요. 중국이나 인도 같은 나라는 매우 빠르게 발전하고 있지만 아직도 많은 사람들이 불평등에 시달리고 있어요.

이러한 불평등은 도덕적으로 과연 옳다고 할 수 있을까요? 여기에 대해서는 보수주의자와 진보주의자의 두 가지 견해가 있어요.

먼저 보수주의자들의 경우, 불평등은 어쩔 수 없는 것이라고 말해요. 누군가가 더 많이 갖고, 누군가는 덜 갖는 것이 틀린 것은 아니라는 거지요. 오히려 강제적으로 똑같이 갖게 하는 것이 더 많은 문제를 일으킬 거라고 생각해요.

반대로 진보주의자들은 불평등이 도덕적으로 올바르지 못한 것이라고 주장해요. 아무리 경쟁 사회라고 해도 그 경쟁 사회를 만들어 낸 것이 사람이기 때문에 그 결과가 반드시 선한 것이라고는 할 수 없다는 거예요. 자신이 선택할 수 없는 부모, 유전적으로 물려받은 능력, 물려받은 재산, 외모, 인종, 출생지 등은 불평등을 만들어

내는 데 매우 중요한 역할을 하기 때문에 불평등을 개선하려고 노력해야 한다는 것이지요.

## 소득 불평등의 원인은 뭘까요?

오늘날 많은 선진국에서는 잘사는 상위 1퍼센트의 소득이 크게 늘어나는 것이 문제가 되고 있어요. 이미 잘살고 있는데도 소득이 점점 더 늘어나니, 가난한 사람과의 차이는 더 커지겠죠? 결국 이것이 국가의 소득을 더욱 불안정하게 만들고 있답니다.

그렇다면 우리나라의 소득 불평등 정도는 어떨까요? 우리나라의 소득 불평등 정도는 1980년대 이후부터 1990년대 초반까지는 조금씩 줄었다가 그 이후 점점 커지고 있어요.

그렇다면 소득 불평등 정도가 커지는 원인에는 어떤 것들이 있을까요? 몇 가지만 살펴볼게요.

첫 번째로 경제에 있어서 나라와 나라 사이의 경계가 많이 약해졌기 때문이에요. 사람들은 국적에 상관없이 일자리를 찾아, 또는 자신이 좋아하는 일을 따라 옮겨 가지요. 실력이 있는 사람이라면 국적에 상관없이 좋은 일을 가질 수 있게 되었어요. 그러다 보니 실력이 있는 사람과 없는 사람의 차이가 커졌지요. 기술의 발전 또한 능력을 가진 계층에 유리하기 때문에 소득 불평등도 점점 커진답니다.

두 번째는 고령화와 핵가족화에 따른 가구 구조의 변화예요. 의료 기술의 발달로 평균 수명이 늘어나면서 노인들이 많아졌어요. 노인들은 일자리도 없고, 일을 할 만큼 건강하지도 않아서 빈곤층이 되기 쉽지요. 반대로 돈을 많이 버는 사람들은 많이 버는 사람들끼리 결혼을 하기 때문에 부가 한쪽으로만 쏠리는 현상도 심해져요.

세 번째는 우리나라의 급속한 서비스화 때문이에요. 1990년대 이전에는 주로 무언가를 생산하는 제조업의 수출을 통해 경제가 성장했고, 그에 따라 공장에서 일하는 사람들이 늘어나면서 부의 분배가 이루어졌어요. 그러나 1990년대 이후에는 많은 공장이 자동화되어 수출이 늘어도 사람들을 더 뽑을 필요가 없었지요. 일자리가 줄어들면서 사람들은 서비스업 쪽으로 모이기 시작했어요. 하지만 서비스업은 생산성도 낮고, 지나칠 정도로 심한 경쟁 때문에 좋은 일자리가 되지 못했지요. 그 결과 소득 불평등이 더욱 심해졌답니다.

### 개천에서 용이 나는 사회

우리 속담에 '개천에서 용 난다.'는 말이 있어요. 작은 개천에서 과연 용이 살 수 있을까요? 그래서 이 속담은 가난하고 어려운 형편

속에서도 크게 성공한 사람이 나오는 경우를 일컫지요.

과거에는 이렇게 개천에서 용이 나오는 경우가 많았어요. 힘들지만 열심히 노력해 좋은 학교에 입학하거나 좋은 직장에 취직하고, 아니면 한 분야에서 전문가가 되어 재산을 모으기도 했지요. 이렇게 누구나 노력하면 잘살게 되는 사회를 '사회적 이동성이 높다.'고 해요. 계층 사이의 이동이 자유롭게 이루어지니까요. 사회적 이동성이 높은 사회에 사는 사람은 자신들이 불평등하다고 생각하지 않아요. 왜냐하면 자신도 열심히 하면 금방 부자가 될 수 있으니까요.

어느 나라에서나 재산이 많지 않은 경우 사회적 이동을 잘 하려면 교육이 제일 중요해요. 얼마나 공부를 잘하느냐에 따라 앞길이 결정되지요. 그 때문에 우리나라도 예부터 교육열이 매우 높았어요. 부모님들은 자식이 조금이라도 공부를 잘해서 사회적 이동을 하기를 바랐으니까요.

그러다 보니 부작용도 생겼어요. 좋은 성적을 얻기 위해 지나치게 어려서부터 사교육에 의존하게 된 거예요. 부모의 경제력에 따라 사교육을 시키자, 사회적 이동은 점점 어려워졌어요. 이렇게 사교육 때문에 아무리 열심히 공부해도 좋은 학교에 갈 수 없다면 올바른 사회라고 할 수 없겠지요?

그렇기 때문에 국가는 사회적 약자, 즉 가난한 사람들에게도 공평하게 교육받을 수 있는 기회를 만들어 주어야 할 의무가 있어요.

그래서 열심히 공부하는 만큼 사회적 이동성이 가능한 건강한 사회를 만들어야 하지요. 근면하고 성실하다면 누구라도 '개천에서 나온 용'이 될 수 있어야 한답니다.

### 노동 운동이란 뭘까요?

사람들이 생활에 필요한 돈을 얻기 위하여 일하는 것을 '노동'이라고 해요. 사람들은 어른이 되면 누구나 노동을 하고 살아가지요. 노동이라고 해서 무조건 힘들기만 한 것은 아니에요. 노동을 통해 즐거움을 느끼기도 하고, 만족감을 얻기도 하지요. 물론 돈도 벌 수 있으니까 생활에도 도움이 되고요. 그런데 하루아침에 갑자기 일하던 회사에서 쫓겨나 더 이상 일을 할 수 없게 된다면 어떨까요? 또 열심히 일했는데도 오히려 월급이 깎인다든가, 아니면 아침부터 밤늦게까지 잠시도 쉬지 못하고 일만 해야 한다면 너무 힘들겠지요?

자본주의 경제에서 기업가는 적은 돈으로 많은 생산을 하기 위해 여러 가지 노력을 해요. 그 노력에는 임금을 줄이기 위한 것도 있어요. 그러다 보니 노동자들은 회사가 옳지 못한 것이나 무리한 요구를 하더라도 어쩔 수 없이 해야 하는 경우가 있어요. 이것이 반복되면 경제적 약자인 노동자는 점점 힘들어지겠지요?

특히 산업화 초기의 공장제 공업이 막 시작됐을 때 노동자들의 생활은 말이 아니었어요. 하루 12시간의 노동은 기본이고 심지어는 하루 18시간이나 일하기도 했지요. 제품의 품질 유지를 위해 땀이 줄줄 흐르는데도 마음대로 창문도 열지 못하고 더위를 참고 일해야 했어요. 사람의 몸에 해롭고 위험한 물질도 특별한 안전장치나 보호 장비 없이 다루어야 했어요. 그 결과 노동자들은 건강을 크게 해치게 되었고 직업병도 많이 발생했지요. 작업장에서 안전사고도 자주 일어났고요.

그때만 해도 작업장 안에서 발생하는 먼지나 소음, 진동 등은 크게 문제 삼지 않았어요. 하지만 먼지가 많은 곳에서 일하면 폐에 질병이 생기기 쉽고, 시끄러운 곳에서 아무런 장비 없이 일을 계속하다가 귀가 머는 사람도 있었어요. 또 방사선이나 가스 같은 유해 물질을 다루는 곳에서는 생명을 잃는 사고도 자주 발생했지요.

이럴 경우에는 노동자들이 뜻을 모아 '근로 조건'을 고쳐 달라고 요구할 수 있어요. 이렇게 노동자들이 조직적인 운동을 펼치는 것을 '노동 운동'이라고 한답니다.

근로 조건은 근로자가 사용자(자본가)에게 고용되어 노동력을 제공하면서 계약하는 여러 가지 조건이에요. 임금은 얼마를 받을 것인지, 근무 시간은 어느 정도로 할 것인지, 어떤 일을 할 것인지, 안전하게 일할 수 있도록 회사는 어떤 일을 해 줄 것인지, 휴일은 얼마나 되는지, 노동조합을 결성할 수는 있는지, 정년퇴직은 몇 살인지 등이지요.

근로 조건은 원래 노동자와 사용자 사이의 자유로운 토론과 합의에 의하여 결정되어야 해요. 하지만 이것이 어려운 경우가 많기 때문에 세계 여러 나라에서는 근로자를 보호하기 위하여 법으로 기준을 정하고 있어요. 이것을 '근로 기준법'이라고 하지요.

노동 운동은 목적에 따라 크게 세 가지로 나눌 수 있어요.

첫 번째는 노동자들이 임금을 올려 달라고 하거나 근로 조건을 개선해 달라고 요구하는 것이에요. 두 번째는 영국의 노동당처럼 노동자들이 조직적인 활동을 통해 정치 활동을 하는 노동자 정당 운동이 있지요. 세 번째로는 소비조합 운동과 같이 소비자들이 전개하는 것이 있어요.

## 근로 조건을 개선하기 위해 힘쓴 전태일

우리나라는 1970년대 눈부신 경제 발전을 이루기는 했지만 그 뒤에는 보이지 않는 많은 노동자들의 희생이 있었어요. 이들은 아침 일찍부터 밤늦게까지 좁은 공장에서 힘들게 일하면서도 적은 월급을 받아야 했지요. 마침내 노동자들은 거리로 몰려나와 노동 환경을

개선해 달라고 요구했어요. 그 대표적인 인물이 청계천 봉제공장에서 일하던 전태일이랍니다.

전태일은 대구의 가난한 집 장남으로 태어났어요. 아버지는 옷 만드는 공장을 운영했는데 생활은 매우 어려웠어요. 전태일이 살았던 1960년대에서 1970년대는 우리나라가 빈곤에서 벗어나기 위해 몸부림치던 시기였어요. 전국적인 산업화 추진으로 많은 어린 학생들이 학교에도 다니지 못하고 돈을 벌기 위해 도시의 공장에서 일을 해야만 했지요.

이들에게 주는 임금은 매우 낮았고, 노동 시간도 무척이나 길었어요. 일을 하는 작업장은 다닥다닥 붙어 있고, 천장도 낮아 허리 한번 펴지 못할 정도로 좁은 데다 불빛까지 흐릿했어요. 밤새도록 야간 작업을 하는 날도 많았지요.

전태일은 대구에서 올라와 평화시장 한쪽에 있는 옷 만드는 공장에서 재단사로 일했어요. 좁고 더러운 공장에서 쉴 새 없이 옷감을 잘랐지요. 그렇게 열심히 일했지만 사장들은 일하는 사람을 무시하고 월급도 아주 조금씩밖에 주지 않았어요. 또 조금만 마음에 들지 않아도 가차 없이 공장에서 쫓아냈어요. 마음이 여린 전태일은 자신뿐 아니라 형편없는 취급을 받는 동료나 어린 후배들을 보면서 늘 마음 아파했어요.

고통스러운 노동 현실을 그냥 두고 볼 수 없었던 전태일은 공부를 시작했고 근로 기준법이 있다는 것을 알게 되었어요. 근로 기준법 제31조에는 이렇게 적혀 있었어요.

경영상 이유에 의한 해고를 하고자 하는 경우, 긴박한 경영상의 필요가 있어야 하고, 해고를 회피하고자 하는 노력을 하였어야 한다. 그럼에도 불구하고 해고가 불가피한 경우에는 근로자 과반수로 조직된 노동조합이 있는 경우 그 노동조합, 그러한 노동조합이 없는 경우에는 근로자 과반수를 대표하는 자에게 해고를 하고자 하는 날의 적어도 60일 전까지 통지를 해야 하고, 해고를 할 경우에는 공정하고 합리적인 해고 기준 설정 및 해고 대상자 선정과 관련하여 성실하게 협의를 하고 해고를 하여야만 정당한 이유 있는 해고에 해당된다. 만약 그렇지 않으면 부당 해고가 된다.

그런데 당시 공장의 상황은 법과 너무도 달랐어요. 전태일은 평화시장의 재단사들을 중심으로 근로 조건 개선을 위해 노동 운동을 시작했어요. 근로 기준법에 적혀 있는 대로 자신들을 사람 취급을 해 달라는 것이었지요.

"우리는 기계가 아니다. 근로 기준법을 준수하라!"

이렇게 외쳤지만 사회에서는 아무도 이들에게 관심을 가지지 않았어요. 오히려 문제를 일으켰다며 공장에서 내쫓고 다른 공장에도 취직하지 못하게 만들었지요.

　전태일은 자신의 뜻이 받아들여지도록 하기 위해, 자신들이 얼마나 힘들게 일하고 있는지를 알리기 위해 여러 가지로 노력을 다했어요. 하지만 쉽지 않았지요. 마침내 전태일은 1970년 11월 13일 평화시장 앞에서 자신의 몸을 불태워 자살을 하면서 노동자들의 힘든 삶을 고발했어요. 이 사건을 계기로 전국의 노동자들이 모두 뜻을 모아 근로 조건을 개선하자는 운동을 벌였어요. 이렇게 전태일의 죽음은 노동자의 힘든 환경을 바꾸는 첫발이 되었어요.

이야기로
생각해 보기

## 욕심 많은 강아지

옛날에 욕심 많은 강아지 한 마리가 마을을 돌아다니며 먹이를 찾고 있었어요.

"저게 뭐야? 고깃덩어리구나!"

강아지는 누구에게 뺏길까 봐 재빨리 그 고깃덩어리를 물었어요. 그러고는 곧장 거리를 향해 내달렸어요. 마을 어귀를 빠져나온 강아지는 뒤를 돌아보았어요. 아무도 따라오지 않았어요. 그제야 마음이 놓인 강아지는 멈춰 서서 숨을 가다듬고 흐뭇한 표정을 지었어요.

'생각만 해도 군침이 도네. 어서 집에 가서 먹자.'

강아지는 다시 집을 향해 걸었어요. 집으로 가는 길목에는 개울이 있었는데, 그 위로 큰 다리가 놓여 있었어요. 강아지는 다리를 건너갔어요. 다리 위를 조심조심 걷던 강아지가 무심코 아래를 보게 되었어요.

"아니, 저건 또 뭐야?"

강아지는 깜짝 놀랐어요. 다리 아래쪽 개울물 속에 웬 강아지 한 마리가 자기처럼 고깃덩어리를 물고 있었거든요. 다시 보니, 물속의 강아지가 물고 있는 고깃덩어리가 더 크고 맛있어 보였어요.

'저 녀석이 물고 있는 고기가 훨씬 크고 맛있겠는걸!'

다리 위의 강아지는 물속의 강아지를 노려보기 시작했어요. 그러자 물속의 강아지도 마주 노려보았어요. 다리 위의 강아지가 앞다리를 딱 버티자, 물속의 강아지도 똑같이 다리를 딱 버티는 게 아니겠어요?

'조그만 강아지 주제에 폼 잡고 있네.'

다리 위의 강아지는 이렇게 비웃었지만, 은근히 화가 났어요. 더 겁을 줘야겠다는 생각에 목청껏 짖었어요.

"멍멍!"

그런데 이게 어찌 된 일인가요? 강아지의 입에 있던 고깃덩어리가 물속으로 뚝 떨어졌어요.

"앗! 내 고깃덩어리!"

놀라서 물속을 들여다보니 물속의 강아지도 안타까운 표정으로 입맛만 쩝쩝 다시고 있을 뿐이었어요.

그제야 강아지는 물속의 강아지가 제 그림자라는 것을 알았어요. "멍멍!" 하고 짖는 바람에 제 고깃덩어리가 물속으로 떨어진 것도요.

"아뿔싸, 내 고깃덩어리가 점점 물속으로 가라앉네. 아이고, 아까워라!"

강아지는 괜한 욕심을 부린 것을 후회했지만 소용이 없었어요.

### 생각 넓히기

❶ 이 이야기는 강아지를 빗대어 사람이 가진 끝없는 욕심에 대해 설명하고 있어요. 여러분이 생각하는 욕심은 무엇인가요?

❷ 인간은 사회적 동물이기 때문에 다른 사람과 비교를 하면서 행복을 느끼기도 하고 불행을 느끼기도 하지요. 여러분은 상대적 빈곤을 느낀 적이 있나요? 그 경험을 써 보세요.

❸ 상대적 빈곤에 대해 간디는 이렇게 말했어요.
"이 세상에 있는 물건들은 모든 사람의 필요를 만족시켜 줄 수 있을 만큼 넉넉하다. 그러나 모든 사람의 탐욕을 채워 줄 수 있을 만큼 넉넉하지는 않다."
이 글에 대한 여러분의 생각을 써 보세요.

# 5장

## 함께 잘살아야 하는 이유는 뭘까요?

### 소득의 차이를 해결하는 방법

　사람은 누구나 자기 것에 대한 관심과 욕심을 가지고 있어요. 또 누구나 많이 가지고 싶어 하지요. 그러기 위해서 열심히 일도 하고 공부도 한답니다. 하지만 사회가 가진 자원은 무한히 많은 것이 아니기 때문에 이를 어떻게 나눌 것이냐가 중요해요.

　보통 큰 회사에 다니면 월급을 많이 받고, 아무나 할 수 없는 어려운 시험을 통과해 자격증을 가진 사람들도 월급을 많이 받지요. 그렇다고 회사에 다닐 수 없는 장애인이나 나이 든 사람, 공부를 못한 사람을 무조건 가난하게 살도록 할 수는 없어요. 일을 하고 싶어도 할 수 없는 사람들이 많으니까요. 그러므로 사회는 자원을 어떻게 공평하게 나눌 것이냐를 결정해야 해요. 이 원칙에 따라 그 사회의 성장과 발전, 복지 수준이 달라진답니다.

　대부분의 사회에서는 소득의 차이가 있어요. 많이 버는 사람과 적게 버는 사람의 차이, 이것을 '소득 격차'라고 하지요. 이렇게 소득의 차이가 나는 것은 과연 정의로운 일일까요, 아닐까요? 그건 딱 잘라 말하기는 어려워요. 누구나 똑같이 버는 것이 정의롭다고 생각할 수도 있지만, 반대로 '나는 진짜 열심히 일했는데 그렇지 않은 사람과 똑같은 월급을 받는 것은 억울해.' 하고 생각할 수도 있으니까요.

중요한 것은 사회는 이러한 소득 격차가 너무 커지지 않도록 계속해서 노력해야 한다는 거예요. 만약 아무 일도 하지 않고 그냥 둔다면 많이 버는 사람과 그렇지 않은 사람의 차이는 엄청나게 벌어질 거예요. 그게 무슨 상관이냐고요? 만약 이러한 차이를 계속 내버려 둔다면 가난한 사람들은 더 이상 같은 사회 구성원이라는 생각을 가질 수 없을 테고, 그러다 보면 사회의 발전을 위해 함께 노력해야 할 필요를 느끼지 못할 거예요. 또 '더 이상 노력해 봤자 어차피 부자가 될 수 없어.' 하는 절망적인 생각으로 가득 차 아무렇게나 살게 되면 전체적으로 사회 분위기가 나빠지지요. 그러므로 사회는 가난 문제와 함께 소득 격차가 커지는 것을 막는 것이 중요해요.

인류는 이 지구상에서 집단생활을 하기 시작했을 때부터 자연을 정복하고 더 나은 생활 방식과 사회 제도를 마련하여 개인의 행복과 사회의 번영이 이루어지도록 노력해 왔어요. 이러한 발전의 궁극적인 목표는 모든 사람을 고루 잘살게 하는 데 있지요.

우리나라도 지난 50여 년 동안 매우 높은 성장을 해 왔어요. 그 결과 1인당 국민소득이 87달러밖에 안 되던 저소득 국가에서 2만 달러를 넘어서는 120배의 성장을 이룩했지요.

그렇지만 높은 성장률을 이룩하다 보니 그에 따른 문제점도 많이 생겼어요. 대기업으로 경제력이 집중되면서 중소기업과의 차이가 커졌고 대도시와 중소 도시들 사이에도 불균형이 깊어졌지요. 경제 성장의 혜택을 충분히 받지 못한 집단들은 더욱 많은 불만을 가지게 되었어요. 노동자와 자본가들 사이의 대립과 갈등도 더 두드러졌고요.

그래서 많은 전문가와 국민들은 이들 사이의 차이를 줄이는 것이 우리 경제가 가장 먼저 해결해야 할 과제로 꼽고 있어요. 경제 성장이 필요하기는 하지만 경제 발전의 목표는 국민 모두의 소득이 나아지는 것이니까요.

## 양극화란 무엇일까요?

양극화란 소득이 많은 사람과 거의 없는 사람인 두 개의 계층으로 나뉘고 중산층이 줄어드는 현상을 말해요. 몇몇 사람들은 너무 부자고, 대부분의 사람들은 매우 가난하지요. 이렇게 소득 계층의 격차가 심해지면 계층 사이의 갈등은 더욱 심해질 수 있어요.

우리나라는 IMF 외환 위기와 2008년 미국의 금융 위기 및 2009년 유럽의 재정 위기를 맞으면서 부자와 가난한 사람의 비율이 40 대 60에서 20 대 80까지 벌어졌어요. 10명의 사람이 있을 때 과거에는 그 중 부자가 4명이면 가난한 사람이 6명 정도였는데 외환 위기 이후에는 10명 중 부자가 2명이고 가난한 사람이 8명이 된 거예요. 부자의 수가 줄어들었으니 좋은 것이 아니냐고요? 아니에요. 그만큼 가난한 사람의 비율이 늘어난 것이랍니다. 또 부자들의 수는 줄어들었지만 부자들이 가진 부의 양은 더욱 커졌거든요. 이러한 현상을 '양극화가 심해졌다'고 말하지요.

그렇다면 이렇게 양극화가 심해진 이유는 무엇일까요? 물론 세계적인 금융 위기 탓도 있지만 부동산이나 주식 등의 자산 때문이에요. 예를 들어 볼까요? 부자들은 쓰고 남은 돈 1,000만 원을 은행에 넣어 두면 가만히 있어도 이자가 붙어서 몇 년 뒤에는 1,000만 원이 넘는 돈을 받지요. 하지만 돈이 부족한 사람들은 그것을 알더라도 은행에 넣어 둘 돈이 없어요.

부동산도 마찬가지죠. 1,000만 원에 집을 사 두면 몇 년 뒤에 집값이 올라 3,000만 원이 되기도 하지요. 하지만 집을 살 돈이 없는 사람은 집값이 오를 것을 뻔히 알지만 돈이 없어 살 수가 없어요. 이렇게 시간이 지나면 부자들은 가만히 있어도 돈을 점점 더 벌지만 가난한 사람들은 여전히 가난할 수밖에 없답니다.

## 분배가 왜 중요한가요?

만약 여러분이 열심히 일하는데도 아무런 대가가 없다면, 과연 열심히 일하려고 할까요? 또 누구는 열심히 일하고 누구는 대충 일했는데도 똑같은 대가를 받는다면요? 아마 여러분뿐 아니라 누구라도 더 이상 열심히 일하려고 하지 않을 거예요.

이처럼 공정한 분배란 누구나 똑같이 받는 것이 아니라 '그 사람이 얼마나 사회에 기여했느냐'에 따라 달라지는 '비례적 분배'를 의미해요.

오래전부터 많은 철학자들은 공정한 분배에 대해 관심을 가져왔어요. 공리주의, 공적주의, 평등주의 등이 모두 분배에 대한 연구 결과들이지요.

공리주의자들은 사회의 총 만족을 가장 크게 하는 것이 정의로운 분배라고 생각한 사람들이에요. 그래서 '최대 다수의 최대 행복'을 주장했지요. 되도록 많은 사람들이 만족하는 것이 중요하다는 주장이에요.

이들 공리주의자 중에서도 제러미 벤담은 '만족의 양'을 중요하게 생각했고, 제임스 밀은 '만족의 질'을 중요하게 생각했어요.

예를 들어 10만 원이 있다고 할 때, 이것을 부자가 가지는 것보다는 가난한 사람이 가지는 것이 더 만족스럽다는 거예요. 돈이 많은 부자보다는 한 푼이 아쉬운 가난한 사람에게 더 크고 소중하게 여겨지니까요. 그래서 이들은 세금도 모두 똑같이 내는 것이 아니라 가난한 사람은 적게, 부자는 많이 내는 '누진세'를 주장해요. 왜냐하면 부자에게 많은 세금을 거두어들이면 결국 가난한 사람들에게 그 혜택이 돌아가기 때문에 사회 전체적으로 만족이 더욱 커진다고 본 것이지요.

공적주의자들은 무엇보다 '받을 만한 자격'이 중요하다고 생각한 사람들이에요. 정의로운 분배란 받을 만한 자격을 가진 사람이 그 몫을 받아 가야 한다는 것이지요. 예를 들면, 열심히 일한 사람이나 사회의 부를 만들어 내는 데 많은 기여를 한 사람이 더 많은 소득을 받을 자격이 있다고 주장했어요.

평등주의자들은 차별 없이 똑같이 나누어야 한다고 생각한 사람들이에요. 평등주의자들은 비록 사람들의 능력이나 노력, 기여 등에 조금의 차이가 있더라도 모든 사람은 태어날 때부터 평등하므로 분배도 평등하게 이루어져야 한다고 주장하지요.

그렇다면 이러한 공정한 분배를 위해서는 어떤 조건들이 필요할까요?

첫째, 모든 사람들에 대한 정당한 권리가 보장되어야 해요. 만약 어떤 사람의 정당한 권리가 무시된 상태에서 각자의 몫이 결정된다면 그것은 결코 정의로운 분배가 아니지요.

예를 들어 남의 재산을 빼앗아 부자가 되고, 남에게 자신의 재산을 빼앗겼기 때문에 가난해지는 분배라면 올바른 것이 아니지요.

둘째, 모든 사람들에 대해 공정한 규칙이 적용되어야 해요. 어떤 사람은 무슨 일을 하더라도 눈감아 주는 반면, 어떤 사람은 조금만 잘못을 해도 벌을 내리는 불공정한 사회 질서로는 공정한 분배를 이룰 수 없지요. 스포츠에서도 마찬가지잖아요. 모든 선수들이 공정하게 규칙을 지켰을 때 결과에도 승복할 수 있지요. 이처럼 분배가 정의롭기 위해서는 공정한 규칙이 적용되어야 해요.

셋째, 자신의 자격에 합당한 몫이 분배되어야 해요. 어떤 사람이 그럴 만한 자격도 없으면서 남들보다 수천 배나 더 큰 몫을 차지하고 있다면 그것은 공정한 분배라고 하기 어렵지요.

이런 기준에 따라서 오늘날 대부분의 선진국에서는 최저 소득 수준을 보장하고 있어요. 적어도 일을 하고 있다면 최저 임금은 받을 수 있도록 해 주는 것이지요. 그 이상부터는 경쟁에 따라 누구나 열심히 노력하는 만큼 가져갈 수 있도록 분배하고요. 2015년 기준 우리나라의 최저 임금은 시간당 5,580원이에요. 그 이하로 임금을 주는 것은 불법이랍니다.

## 경제적 차이가 생기는 이유는 뭘까요?

인류가 생겨난 후 사유재산이 생기면서 완전한 경제적 평등을 이룬 사회는 없었어요. 그렇다면 이렇게 경제적 차이가 생기는 이유는 무엇일까요? 크게 네 가지로 살펴볼 수 있어요.

첫째, 개인의 자유로운 선택 때문이에요. 어떤 사람은 열심히 일하여 많이 벌겠다는 선택을 하고, 어떤 사람은 놀기를 좋아해 조금만 일하고 적게 벌기로 마음먹거든요. 당연히 개인의 선택에 따라 경제적 차이가 생길 수밖에 없지요.

둘째, 각자의 능력 차이 때문이에요. 어떤 사회에서든 능력이 뛰어난 사람은 그 분야에서 인정을 받게 마련이며 보수도 많지요. 머리가 뛰어나게 좋거나, 노래를 잘하거나, 연기를 잘하거나, 육체적·정신적으로 뛰어난 경우에는 다른 사람들보다 많은 돈을 벌 수 있어요. 수영 선수 박태환이나, 피겨 스케이트 선수 김연아, 가수 싸이를 생각해 보면 될 거예요.

셋째, 부모나 남에게서 물려받은 재산의 차이가 있기 때문이에요. 할아버지가 장사를 크게 해서 부를 많이 모았거나 증조할머니가 땅을 많이 가지고 있었다거나 해서 자연스럽게 유산을 물려받은 경우에는 그렇지 않은 사람보다 풍족할 수 있지요.

넷째, 운도 하나의 조건이에요. 최선의 노력을 다했지만 운이 나빠서 사업에 실패하는 경우도 많거든요. 반대로 대충 준비했는데도 주변 환경이 좋아서 성공하는 경우도 있긴 하지요.

예를 들어 우연히 버섯 농사를 지었는데 버섯이 몸에 좋다는 사실이 텔레비전을 통해 알려지면서 갑자기 버섯을 찾는 사람들이 많아졌다든가, 책 한 권을 펴냈는데 그 책이 크게 주목을 받으면서 베스트셀러가 된 경우도 있어요.

이런 경제적 차이를 무조건 없애야만 하는 것은 아니에요. 불평등을 없애는 것은 바람직하지만, 개인의 능력 차이나 선택의 결과로 나타나는 경제적 차이조차 없애는 일은 바람직하지도 않을뿐더러 아예 불가능하지요.

하지만 불공정한 분배는 경제 구성원들의 정당한 권리가 보장되지 않는다는 점에서 해결해야 할 문제예요. 또 불공정한 분배가 자주 일어나면 사람들은 이에 대해 불만을 품고, 나아가 부자들을 무조건 싫어하는 일도 생기지요. 이렇게 되면 사회의 화합을 방해할 뿐 아니라 안정과 발전마저 위협할 수 있어요.

그렇다면 한 사회의 분배 상태는 어떻게 측정하는 걸까요? 경제적 불평등 정도를 측정하는 데는 '지니계수'를 사용하고 있어요. 도시 근로자 가구를 대상으로 소득 불평등 상태를 측정해서 국민 모두가 같은 소득을 갖고 있을 경우 지니계수는 0이 되고, 특정한 사람이 국민 전체의 소득을 모두 가질 경우 지니계수는 1이 되지요. 대체로

0.5 이상이면 높은 불평등 분배라고 하고, 0.4 이하이면 낮은 불평등 분배, 그리고 0.4~0.5이면 중간 불평등 분배 상태라고 해요. 그러니까 0에 가까울수록 평등하고, 1에 가까울수록 불평등한 거예요.

## 인간의 두 얼굴

사람들은 두 가지의 서로 다른 얼굴을 가지고 있어요. 첫 번째는 남의 어려움에 대해 기꺼이 도와주고 함께 아픔을 나누는 얼굴이에요. 마음속 깊이 자기를 희생하면서도 남에게 이익을 주려는 마음이 담긴 얼굴이지요. 이런 얼굴은 욕심과 이기심이 인간의 본성이 아니라, 어쩔 수 없는 주변 환경 때문에 생겨났다고 믿고 있어요.

두 번째는 자기의 이익만 챙기려는 이기적인 얼굴이에요. 사람들은 원래 자신만 알고 자기의 이익을 챙기려 한다고 믿는 얼굴이지요. 그래서 이러한 인간의 본성을 고치려 하기보다는 이를 잘 관리하는 것이 중요하다고 본답니다.

하지만 이기심이라고 해서 무조건 나쁜 것은 아니에요. 인간에게 이기심이 있기 때문에 열심히 일하려 하고, 남들보다 돈도 많이 벌려고 하니까요. 만약 사람들에게 이기심이 전혀 없다면 과연 열심히 일해서 돈을 벌려고 할까요? 또 새로운 물건을 발명하려고 밤을 새

우며 연구를 계속할 수 있을까요? 우리에게 부를 가져다주고 열심히 일하도록 감독하고 격려해 주는 건 인간에게 있는 이기심이라고 할 수 있지요.

그러니까 인간은 두 가지의 특성을 모두 가지고 있는 것이 분명해요. 루소가 말하듯이 순수한 마음을 가지고 남을 위해 자신을 희생만 하는 존재도 아니며, 그렇다고 해서 데이비드 흄이 말하듯이 자신의 이익만을 추구하는 존재도 아니지요. 결국 인간은 자신을 희생하면서 기꺼이 남에게 이익을 주는 마음도 가지고 있지만 한편으로는 자기의 이익을 꾀하고자 하는 마음도 가지고 있는 존재라고 할 수 있어요.

## 가난을 몰아내는 문화 만들기

과학자 아인슈타인과 다윈, 심리학자 프로이트, 음악가 차이콥스키, 영화감독 스필버그, 사회학자 마르크스. 이들의 공통점이 무엇일까요? 첫째, 이들은 자신의 분야에 뚜렷한 업적을 남긴 사람들이었어요. 둘째, 이들은 모두 유대인이랍니다. 우리는 뛰어난 유대인들을 많이 알고 있지요. 그래서 유대인들이 특별한 유전자를 타고났다고 주장하는 사람들도 있어요. 그러나 유대인들이라고 태어날 때부터 유전자가 유별하거나 아이큐가 뛰어난 것은 아니에요. 그들의 문화와 교육 방식이 특별할 따름이랍니다.

유대인들의 문화 중심에는 민족 종교인 유대교가 있고 교육은 종교와 교육을 하나로 통합하는 형태로 이루어져요. 교육 방식도 일방적으로 가르치는 교육이 아니라 질문하는 교육이에요. 순종하는 교육이 아니라 창조적으로 도전하는 교육이고요. 이들에게 게으름은 절대 용서가 되지 않아요. 부지런히 일하는 사람을 존중하지요. 특히 《탈무드》의 경제 교육은 어떤 사실이나 개념을 외우도록 하는 것이 아니라, 생활 속에서 자연스럽게 익히게 해서 올바른 경제적 가치관을 갖고 올바른 의사 결정을 하게 하지요.

유대인들은 다음과 같은 《탈무드》의 격언을 통해 어렸을 때부터 경제란 어떤 것인지, 돈은 어떻게 사용해야 하는지를 배운답니다.

'돈은 저주도 악도 아니다. 인간을 축복하는 것이다.'
'돈은 결코 모든 것을 좋게 하지는 않는다.'
'가난하니까 올바르고 부자니까 그릇되었다고 하지 마라.'

가난을 물리치기 위해서는 여러 가지 방법이 있겠지만 그중의 하나로 문화를 바꾸는 것도 중요한 일이에요. 누구나 일한 만큼 보상을 받을 수 있고, 열심히 일하면 부자로 살 수 있는 사회가 되어야 하는 거죠. 그래서 부자 나라인 선진국에서는 민주주의가 단단히 뿌리 내리고 있어요. 이런 문화를 이루는 기본은 바로 민주주의니까요. 민주주의가 뿌리를 잘 내리면 보다 빠르게 가난을 물리칠 수 있어요. 그래서 부유한 선진국에서도 민주주의를 잘 지키고 유지하기 위해 끊임없는 노력을 기울이고 있지요.

특히 가난한 나라들은 무엇보다 이런 문화의 변화가 꼭 필요하답니다. 그러고 보면 사회의 경제적 성공을 결정하는 것은 '정치'라기보다는 '문화'라고 할 수 있겠네요.

이야기로 생각해 보기

## 개미와 베짱이

옛날 어느 마을에 개미와 베짱이가 살았어요. 여름 내내 개미는 찌는 듯한 더위도 아랑곳하지 않고 하루 종일 열심히 일했어요. 하지만 베짱이는 시원한 나무 그늘 아래에서 노래를 부르며 놀기만 했어요. 베짱이는 열심히 일하는 개미가 어리석게 보였어요.

"개미야, 너도 여기 나무 그늘에서 좀 쉬렴. 여름은 길고 긴데 왜 그렇게 열심히 일만 하니? 나랑 노래 부르며 놀자."

"안 돼. 겨울이 오면 어떡하려고 그래? 지금이라도 늦지 않았으니 열심히 식량을 모으렴. 집도 고치고……."

하지만 베짱이는 개미의 충고에도 아랑곳하지 않고 '찌르르 베짱 찌르르 베짱' 하면서 계속 노래를 부르고 놀았어요. 오히려 개미들을 비웃고 놀리기까지 했어요.

"너희들은 일을 하기 위해서 태어났니? 하루 종일 일만 하니 말이야. 나무 그늘에서 쉬고 노래를 부르면서 놀면 얼마나 좋은데……."

하지만 개미는 놀고만 있는 베짱이를 안타까워했지요.

"베짱아! 그렇게 놀다간 분명 후회할 일이 있을 거야."

그사이에 무덥던 여름도, 서늘한 가을도 금방 지나갔어요. 어느덧 찬바람이 쌩쌩 부는 추운 겨울이 되었어요.

눈이 펑펑 쏟아지는 어느 날이었어요.

"아, 배고파. 날씨도 너무 춥고."

먹을 것도 집도 없는 베짱이에게 겨울의 바람은 매서웠어요. 베짱이는 추위에 벌벌 떨며 양식을 찾아다녔지만 먹을 것이 없었어요. 그런데 어디선가 맛있는 냄새가 났어요. 냄새를 따라가 보니 그곳은 바로 개미의 집이었어요. 베짱이는 조심스럽게 개미의 집 문을 똑똑 두드렸어요.

"개미야, 개미야. 내게도 먹을 것 좀 주렴."

문을 연 개미는 깜짝 놀랐어요. 문 앞에 여름 내내 나무 위에서 신 나게 노래를 부르던 베짱이가 있었거든요. 하지만 베짱이는 여유롭던 그때의 모습은 간데없고 추위에 벌벌 떨고 있었어요.

"며칠을 계속 굶었더니 너무 배가 고파."

개미는 베짱이에게 먹을 것을 조금 나눠 주며 말했어요.

"베짱아, 우리 집은 너무 좁아 너를 재워 줄 수는 없어."

베짱이는 따뜻한 개미의 집이 부러웠지만 돌아서 나올 수밖에 없었지요. 그리고 뒤늦게 자신의 게으름을 깊이 반성했답니다.

① 여러분이 잘 알고 있는 개미와 베짱이의 이야기예요. 만약 여러분이 개미라면 추운 겨울 찾아온 베짱이에게 어떤 말을 해 주고 싶은가요? 그리고 그 이유는 무엇인가요?

② 여러분이 생각하는 공정한 분배는 어떤 것인가요? 열심히 일하는 것과 상관없이 모두 똑같이 나눠 가져야 할까요?

③ 과자 10개를 동생 2명과 나누어 먹으려면 어떻게 나누는 것이 좋을까요?

# 6장

## 더불어 잘사는 세상을 위해 어떤 노력을 해야 할까요?

## 어떤 사회가 올바른 사회일까요?

사회 안에서 소득이 크게 차이가 나거나 가난에 허덕이는 사람이 많다면, 올바른 사회라고 할 수 없어요. 놀부 심보가 아닌 한, 형제나 이웃이 가난하든 말든 자기만 잘산다고 마음이 편하지는 않을 테니까요. 자신도 잘살고 형제나 이웃도 잘살 때 비로소 편하고 행복하지요. 따라서 개인의 만족이나 행복은 자신만이 아니라 다른 사람의 만족이나 행복에 의존한다고 말할 수 있답니다.

그러므로 양극화 문제나 절대적인 가난을 해결하는 것은 꼭 필요한 일이에요. 정부는 세금이나 좋은 정책 등을 활용해서 최대한 공정하게 소득 분배가 이루어지도록 노력해야 해요. 그렇다고 가난한 사람들에게 국가가 무조건 돈을 나눠 주는 등의 방법은 옳지 않아요. 열심히 일해서 많은 돈을 버는 사람들 입장에서는 공평성에서 어긋나니까요. 그렇다면 어떻게 해야 할까요?

첫 번째 방법은 정부가 공공재를 늘리는 거예요.

공공재는 도로나 공원, 소방 시설, 가로등, 등대같이 누구나 이용하지만 따로 비용을 지불하지 않는 것을 말해요. 정부가 공공재를 충분히 만들어 두면 부자보다 가난한 사람들에게 훨씬 많은 혜택이 돌아갈 수 있어요.

예를 들어 늦은 밤에 어딘가 가야 할 일이 생겼다고 할 때 부자들은 자가용을 타고 편히 갈 수 있지요. 그러나 가난한 사람들은 차도 없고 비싼 돈을 주고 택시를 탈 수도 없어요. 이때 가로등이 환하게 길을 밝혀 주면 가까운 길은 걸어서라도 갈 수 있겠지요? 이러한 공공재를 확대하는 것이 가난한 사람에게 단순히 돈을 보태 주는 것보다 훨씬 효과적이랍니다.

두 번째는 세금 제도를 잘 마련하는 거예요.

세금은 자기가 번 돈에서 일정한 금액을 떼어 국가에 내는 거예요. 그런데 한 달에 100만 원을 버는 사람이나 10만 원을 버는 사람이나 똑같이 3만 원의 세금을 낸다면 어떨까요? 평등하다고 할 수 있을까요? 100만 원을 버는 사람에게는 큰돈이 아니지만 10만 원을 버는 사람에게 3만 원은 꽤 큰돈이지요.

그래서 많은 나라에서는 버는 만큼, 즉 많이 버는 사람은 많이, 적게 버는 사람은 적은 비율로 세금을 내는 '누진세율'을 적용하고 있어요. 또 아주 가난한 사람에게는 세금을 받지 않기도 하지요.

세 번째로는 사회 안전망을 정비하는 거예요.

사람은 누구나 심하게 굶주리면 자포자기 심정이 되어서 염치를 잊게 되고, 남의 물건을 훔치거나 사람을 다치게 할 수도 있어요. 그래서 중국의 철학자인 공자도 정치의 기본 요건으로 먹는 것을 풍족하게 할 것과 백성들을 잘살게 할 것을 강조했지요.

우리나라에서도 IMF 외환 위기와 금융 위기가 겹치면서 직업을 잃는 사람들이 많이 생겼어요. 게다가 평균 수명이 늘어나면서 노인 인구도 크게 늘어났지요. 이렇게 개인의 능력 때문이 아니라 사회 구조가 변화하면서 생기는 가난이나 실업 등에 대해서는 나라에서 제도를 만들어 해결해야 해요.

예를 들면 국민연금, 의료보험, 고용보험, 산재보험 등의 사회 보험을 마련하는 거지요. 우리나라 국민은 누구나 의료보험에 가입되어 있기 때문에 갑자기 심각한 병에 걸렸더라도 어느 정도는 의료비를 국가로부터 보조받을 수가 있어요. 또 국민연금에 가입되어 있으면 나이가 들어서도 최소한의 생활을 할 수 있는 비용을 받을 수 있지요. 산재보험은 일을 하다가 재해를 입었을 때 치료 비용을 국가에서 보조해 주는 것이고, 고용보험은 일자리를 갑자기 잃었을 때 다른 일자리를 찾을 동안 생활비를 보조받는 제도예요. 이런 제도를 모두 사회 안전망이라고 해요.

이런 사회 안전망이 잘 되어 있으면, 직장을 잃거나 큰 병에 걸렸거나 큰 사고를 당했다고 해도 어느 정도는 국가에서 도움을 받을 수 있어 큰 걱정은 덜 수 있지요. 만약 그렇지 않다면 가족 중에 누군가 사고를 당하거나 병들었을 때 치료비가 부족해 빚을 지거나 큰 어려움을 겪게 될지도 몰라요.

이외에도 공공 일자리 마련이라든가 생계비 보조 대책 등도 모두 사회 안전망의 한 장치랍니다. 사회 안전망이 잘 되어 있는 사회야말로 건강하고 발전이 약속되는 사회라고 할 수 있어요.

## 경주 최 부자의 나눔 실천

앞에서 부자가 삼대를 못 간다는 속담을 이야기했지요? 이것은 대를 이어 부를 이어 간다는 것이 매우 어렵기 때문에 생긴 말이지요. 하지만 예외도 있답니다. 바로 경주에 살았던 최 부자의 경우예요.

경주 교동의 최 부잣집은 12대 만석꾼 집안으로 널리 알려져 있어요. 최국선(1631~1682)으로부터 최준(1884~1970)에 이르는 약 300년 동안 부를 누린 집안이지요. 이 집안이 유명해진 것은 부자이기도 했지만 부자의 사회적 책임을 잘 실천했기 때문이에요.

그것은 최 부잣집의 가훈에 잘 드러나 있어요. 한 가지씩 살펴볼까요?

첫째, 과거를 보되, 진사 이상은 하지 마라!

진사란 조선 시대의 소과와 진사과에 급제한 사람을 일컫는 말이에요. 가장 낮은 벼슬이기도 하지요. 그러다 보니 진사는 양반으로서의 체면을 갖추는데도 전혀 손색이 없고, 다른 일을 행함에 있어서도 전혀 걸림돌이 되지 않는 벼슬이었지요. 아무래도 최 부자는 '권력과 가까우면 감옥도 가까운 법이다.'라는 옛말을 잘 알고 있었던 게 분명해요. 그래서 권력과 재력 중 권력을 버리고 재력을 택할 것을 가훈으로 정해 후손에게 따르도록 했지요.

세계에서 가장 오랫동안 부를 누려 왔던 집안으로는 이탈리아의 메디치 가문이 있어요. 메디치 가문은 로렌조의 할아버지 지오반니 메디치가 정치가로 등장해 기초를 닦았어요. 12세기 무렵부터 모직 공업이 발달한 피렌체 공화국은 15세기 초 이탈리아 서안의 피사와 리보르노 지방을 장악해 무역 항로를 확보하면서 부의 기틀을 다졌어요. 메디치 가문은 은행 사업에 진출하면서 뛰어난 사업 수완으로 돈과 권력을 가지고 약 200년 동안 유럽을 지배했답니다. 그렇지만 최 부자는 그 메디치 가문보다 100년이나 더 많은 300여 년 동안 부를 지켜 왔어요.

둘째, 재산은 만 석 이상은 늘리지 마라!

최 부자가 살았을 때는 땅을 가진 지주가 땅이 없는 소작인들에게 땅을 빌려 주고 가을에 땅값을 곡식으로 받았어요. 땅을 많이 가진 최 부자도 마찬가지였지요. 만석꾼이라 하면 1년의 수입이 쌀로 만 석이나 된다는 뜻이에요. 지금으로 치면 재벌이지요. 이렇게 부자라면 해가 갈수록 점점 더 부자가 되어야 하지만 최 부자는 절대 만 석 이상 재산을 모으지는 않았어요. 만 석이 넘으면 그 넘은 만큼을 가난하고 힘든 사람들에게 기꺼이 내놓았지요. 소작인들에게 소작료를 깎아 주거나 어려운 사람들에게 나눠 준 거예요. 그러자 마을 사람들은 앞을 다투어 최 부자네 땅에서 농사를 짓고 싶어 했어요. 물론 소작인이 아니더라도 모두들 최 부자를 존경하고 따랐지요.

셋째, 과객을 후하게 대접하라!

과객이란 일종의 손님이에요. 최 부잣집에서 1년에 소비하는 쌀의 양은 대략 3,000석 정도였다고 해요. 이 가운데 1,000석은 식구들의 양식으로 썼지만 1,000석은 과객들에게 식사를 대접하는 데 사용했어요. 최 부잣집 사랑채는 100명이 한꺼번에 머무를 수 있는 크기였어요. 부잣집이라고 소문이 나고 과객들에게 잘해 준다고 하니 최 부잣집에는 언제나 손님들이 들끓었지요.

최 부자는 왜 이렇게 과객들을 잘 대접했던 걸까요? 과객은 그냥 지나가는 손님일 수도 있지만 세상 돌아가는 정보를 알려 주는 소중한 정보통이기도 했지요. 어느 지방에 어떤 일이 생겼더라, 강원도 지방에는 가뭄으로 농사를 망쳤더라, 일본에서 새로운 기술이 들어왔더라 등등의 많은 정보를 앉아서 자연스럽게 얻을 수 있어요. 이렇게 신문이나 텔레비전이 없던 시절에 이곳저곳을 돌아다니던 과객들은 정보 전달자 역할을 했어요.

과객들이 묵고 가는 사랑채에는 독특한 쌀뒤주가 있었어요. 손이 겨우 들어가도록 입구를 좁게 만든 뒤주였는데, 과객이면 누구든지 이 쌀뒤주에 손을 넣어서 원하는 만큼 쌀을 가져갈 수 있었어요. 다음 목적지에 도착할 때까지 여행 경비로 사용하라는 뜻이었지요. 입구를 좁게 한 이유는 지나치게 많은 양은 가져가지 말라는 것이었어요.

후한 대접을 받은 과객들은 조선 팔도에 최 부잣집의 인심을 소문내고 다녔어요. 착한 일을 하는 집안이란 평판 덕분에 사회가 혼란스러울 때도 최 부잣집은 아무런 해를 입지 않았어요. 예를 들면 동학 혁명이 일어났을 때 경상도에서는 말을 타고 다니면서 부잣집을 터는 활빈당이 많았어요. 하지만 다른 부잣집과 달리 최 부잣집은 아무 탈이 없었답니다.

넷째, 흉년에는 남의 논밭을 사들이지 마라!

당시는 임진왜란, 병자호란 등 사회적으로 혼란하고, 흉년이 들면 수천 명씩 고스란히 굶어 죽을 수밖에 없는 시대였어요. 흉년이야말로 없는 사람에게는 지옥이었지만 있는 사람에게는 돈을 더 벌 수 있는 기회였지요. 가난한 사람들이 당장 굶어 죽지 않기 위해 헐값으로 내놓은 논과 밭을 사면 되니까요. 그러나 최 부잣집은 이런 짓을 하지 않았어요. 이는 가진 사람이 할 도리가 아니라고 보았던 거예요. 흉년 때 먹을 것이 없어서 어쩔 수 없이 내놓은 땅을 사서는 안 된다는 것이죠.

다섯째, 최씨 며느리들은 시집온 뒤 3년간은 무명옷을 입어라!

조선 시대 곳간의 열쇠는 남자가 아니라 여자들이 가지고 있었어요. 그런 만큼 실제 집안 살림을 담당하는 여자들의 절약 정신이 중요했지요. 그래서 3년 동안은 거칠고 얇은 무명옷을 입으면서 가난한 사람의 마음을 이해하도록 한 거예요. 또 보릿고개 때는 집안 식구들도 쌀밥을 먹지 못하게 했고, 은수저도 사용하지 못하게 했어요. 이처럼 최씨 집안의 며느리들은 근검절약에 앞장섰어요.

여섯째, 사방 100리 안에 굶어 죽는 사람이 없게 하라!

경주를 중심으로 사방 100리, 즉 40킬로미터를 살펴보면 동쪽으로는 경주 동해안 일대에서 서쪽으로는 영천까지고, 남쪽으로는 울산, 북으로는 포항까지를 아우르는 넓이예요. 이 안에 굶어 죽는 사람이 있는데 만석꾼이라고 잘 먹고 잘사는 것은 도리가 아니라고 생각한 거예요.

경주 최 부잣집은 재산을 훗날 영남대학교가 된 '대구대학교'에 기증했어요. 역사상 찾아볼 수 없는 좋은 본보기를 보인 것이지요. 최 부자의 실천 방법을 살펴보면 양극화가 심해지고 상대적 빈곤 문제가 심각해진 지금의 많은 문제를 해결할 수 있을 거예요.

사람들은 대체로 살림이 넉넉한 부자가 되고 싶어 하고, 다른 사람들로부터 존경받는 명예를 갖기 원하지요. 하지만 이것을 실천에 옮기기란 매우 어려운 일이에요.

이렇게 부와 명예를 함께 가진 사람들에게는 그에 따른 윤리적 의무가 필요해요. 이를 '노블레스 오블리주'라고 하지요. 이 말은 1347년 백년전쟁에서 생겨났어요. 프랑스 칼레 시민의 목숨을 구한 여섯 명의 귀족들의 희생 정신이 담긴 말로, '고귀한 신분에 따른 윤리적 의무'라는 뜻이에요. 결국 최 부자는 공공 봉사, 기부, 헌납 등을 몸소 실천함으로써 고귀한 신분에 따른 윤리적 의무인 노블레스 오블리주의 본보기를 보여 주었지요.

최근에도 비슷한 예들은 많이 있어요. 김밥을 팔아 모은 돈 3억 원을 기부한 김밥 할머니, 폐품과 재활용품을 팔아 기부하는 천사 할머니, 자신은 월세로 살면서도 큰돈을 기부한 가수, 연말이면 남몰래 구세군의 모금함에 거액을 넣는 사람 등 훈훈한 감동을 주는 인물들이 많지요.

세계 최고의 부자였던 록펠러도 처음에는 재산을 모으는 데만 몰두했지만 시간이 흐르면서 '부자로 죽은 것은 가장 부끄러운 일'이라고 말하면서 전 재산을 사회에 내놓았어요. 그의 행동은 많은 부자들에게 본보기가 되었지요.

## 경제 민주화가 뭔가요?

오늘날 우리는 매우 빠른 속도로 진행되는 세계화와 지식이 경제의 중심이 되는 지식 시대에 살고 있어요. 얼마나 많이 배우느냐, 어떤 좋은 정보를 가지고 있느냐에 따라 수입이 달라지지요. 덕분에 대기업과 중소기업, 도시와 농촌의 수입은 점점 차이가 커지고 있어요.

이러한 격차를 계속 내버려 두어야 할까요? 아뇨, 그럴 수는 없지요. 우리는 경제 민주화를 통해 이 문제를 해결해 가야 해요. 경제 민주화는 '기본적으로 약자인 사람들에게 좀 더 많은 경제적 이익이 돌아가야 하고, 선진국보다 개발도상국을 비롯한 가난한 국가들, 부자보다는 가난한 사람들에게 그동안 누리지 못했던 경제적·환경적·사회적 혜택을 되돌려서, 소외받거나 고통받는 사람들을 줄여 나가는 것'이라고 할 수 있어요.

이를 위해서 우리에게는 배려가 필요해요. 나눔의 실천도 필요하지요. 또 부와 명예를 함께 가진 사람들은 그에 따른 사회적·윤리적 책임을 가져야 해요.

21세기의 꿈나무인 여러분들이 살아 나갈 시대에는 이 문제들이 모두 해결되기를 바라는 마음으로 우리 모두 각자의 주어진 위치에서 최선을 다해야겠어요.

## 공정한 분배

숲 속 동물 나라에 여러 동물들이 살고 있었어요. 어느 날, 사자와 여우와 당나귀가 서로 도와서 사냥을 하기로 했어요.

**당나귀** : 사자님, 우리 서로 힘과 지혜를 모아 사냥을 함께 하는 게 어떻겠습니까?

**사자** : 그것 참 좋은 생각이야. 그렇게 하자꾸나.

**여우** : 각자 특기를 잘 활용해서 사냥을 하면 좋겠어요.

**사자** : 여우는 꾀와 지혜가 많으니 사냥할 동물들을 꾀어내는 일을 맡고, 당나귀는 힘이 세고 물건 옮겨 나르는 것을 잘하니 그것을 맡도록 해.

**여우** : 사자님은 달리기도 잘하고 사냥을 하는 기술이 뛰어나니, 사냥을 맡아 하시면 되겠군요.

사자와 여우와 당나귀는 협동 작전으로 사슴 두 마리와 토끼 세 마리를 사냥했어요. 그러고는 사냥한 것들을 한곳에 모아 놓고 어떻게 나눌지 토론했어요.

**사자** : 역시 힘을 합치니 성과가 좋구나. 우리가 사냥한 동물들을 어떻게 나누면 좋을까?

**당나귀** : 그야 공정하게 나누어야죠.

**사자** : 그럼 당나귀가 공정하게 나누어 봐.

당나귀는 사냥한 것들을 정확하게 같은 크기로 세 조각씩 나누었어요.

**당나귀** : 어떤가요? 똑같죠? 사자님이 먼저 마음에 드는 것을 고르세요.

**사자** : 뭐라고? 이게 공정한 분배라고? 기가 막히는군!

화가 난 사자는 느닷없이 당나귀의 목을 콱 물어 버렸어요. 사자는 여우에게 다시 나눠 보라고 말했어요.

**여우** : 제, 제가 나누어 보라고요?

**사자** : 그래.

여우는 대부분을 사자의 몫으로 하고 자신의 몫으로는 토끼 앞다리 한 조각만 남겼어요.

**사자** : 과연 여우는 훌륭해. 빈틈이 없단 말이야. 그런 정확한 분배 기술을 누구한테 배웠느냐?

**여우** : 조, 조금 전에 당나귀에게 배웠지요.

여우는 벌벌 떨면서 이렇게 대답했어요. 그러고는 다시는 사자와 사냥을 함께 하지 않겠다고 다짐했답니다.

❶ 세 동물이 서로 역할을 나누어 함께 일을 했지만, 그 가운데 힘이 가장 센 사자가 으름장을 놓아 먹이를 거의 독차지하고 말았어요. 여러분은 사자에게 어떤 말을 해 주고 싶은가요?

❷ 불공정한 분배와 공정한 분배에 대해서 간단하게 정리해서 써 보세요.

❸ 양극화의 뜻은 무엇일까요? 양극화가 왜 문제가 되는 걸까요?